Cómo limpiar tu Basura Emocional

DONALD ALTMAN

CÓMO LIMPIAR TU BASURA EMOCIONAL

Ejercicios de Mindfulness *para deshacerte de todo lo que impide tu crecimiento personal*

MADRID - MÉXICO - BUENOS AIRES - SAN JUAN - SANTIAGO

2017

Título original: *Clearing Emotional Clutter*

© 2016, Donald Altman
© 2016. De esta edición, Editorial EDAF, S. L. U. Jorge Juan, 68. 28009 Madrid, por acuerdo
con New World Library, 1 Pamaron Way, Novato, CA 94949, U.S.A., representados por
Bookbank, S. L., Agencia Literaria, San Martín de Porres, 14, 28035 Madrid
© 2016. De la traducción: M.ª Carmen Escudero Millán

Diseño de cubierta: Gerardo Domínguez

Editorial Edaf, S.L.U.
Jorge Juan, 68. 28009 Madrid, España
Tel. (34) 91 435 82 60
www.edaf.net / edaf@edaf.net

Algaba Ediciones, S. A. de C.V.
Calle 21, Poniente 3323, Colonia Belisario Domínguez
Entre la 33 Sur y la 35 Sur
Puebla 72180, México
Tel.: 52 22 22 11 13 87
jaime.breton@edaf.com.mx

Edaf del Plata, S. A.
Chile, 2222
1227 Buenos Aires, Argentina
edaf4@speedy.com.ar

Edaf Antillas/Forsa
Local 30, A2 - Zona Portuaria Puerto Nuevo
San Juan PR (00920)
carlos@forsapr.com

Edaf Chile, S. A.
Coyancura, 2270, oficina 914, Providencia
Santiago - Chile
comercialedafchile@edafchile.cl

El material de este libro ha sido concebido con fines educativos. No pretende reemplazar en
ningún momento el diagnóstico y el tratamiento por parte de un profesional médico o de un
terapeuta cualificado. No se ofrece ninguna garantía expresa o implícita en cuanto a los efectos
de la utilización de las recomendaciones, ni se asume responsabilidad algún a en tal sentido. Las
experiencias del autor utilizadas como ejemplos a lo largo de este libro son reales, si bien se han
cambiado datos tales como nombres y localidades, con objeto de proteger la identidad de las
personas aludidas.

ISBN: 978-84-414-3709-8
Depósito legal: M-41384-2016

PRINTED IN SPAIN   IMPRESO EN ESPAÑA

COFÁS, S. A. - Móstoles (Madrid)

Este libro está dedicado a todos los que caminan con valentía por el camino sereno, humilde y compasivo de Mindfulness. Que todos despertemos y sanemos juntos.

ÍNDICE

Introducción

No poseas tanta basura como para
sentir alivio al ver tu casa arder en llamas.

WENDELL BERRY, *Farming*[1]

A nadie debe sorprender que la basura emocional de nuestro pasado pueda estar pegada a nosotros como con Super Glue hasta tal punto que muchas veces la consideramos parte inseparable de la percepción que tenemos de nosotros mismos y de nuestra identidad personal. Lo que es posible que sí te sorprenda, sin embargo, es la manera en que unos sencillos ejercicios diarios pueden deshacer toda esa basura tóxica, pegajosa y tenaz, ya se trate de una herida emocional sufrida en la infancia o del nuevo desbarajuste emocional acumulado en el día a día.

¿Qué es la basura emocional? La basura emocional puede ser una antigua experiencia de la infancia vivida por el individuo como rechazo de otros y que puede llegar a convencernos de que realmente no somos merecedores del amor de los demás. Otras veces se trata de una vieja herida familiar que todavía duele en lo más hondo. O puede ser un comentario insensible de un profesor del instituto que un día te miró directamente a los ojos y te dijo: «No se puede sacar un estudiante "excepcional" de un estudiante "mediocre"». ¡Este último ejemplo de desagradable basura emocional me ocurrió a mí!

Afortunadamente, tuve otros profesores que me brindaron su apoyo de forma admirable y no dejé que esa basura emocional personal se me quedara pegada, aunque en aquel momento ese comentario me dejara atónito y triste.

De hecho, la epigenética —ciencia de vanguardia que abordaremos en la primera parte del libro— muestra que la basura emocional nos afecta en el plano celular, activando y desactivando genes relacionados con nuestro sistema inmunitario y con el envejecimiento. Incluso llega a sugerir que la basura emocional dolorosa puede pasar de unas generaciones a otras. Aunque suene impactante, esto significa que podemos vernos afectados de forma negativa por antiguas injusticias familiares o culturales, como la codependencia, la esclavitud, la guerra o el Holocausto.

Una cosa es cierta: todos arrastramos alguna forma de basura, equipaje emocional, trauma, adversidad o dolor del pasado. Si la adversidad es el resultado de lo que otros nos han hecho o de lo que nosotros hemos hecho a otros —o incluso del daño que nos hacemos a nosotros mismos—, el resultado está claro. *Esa vieja basura emocional afecta directamente a nuestra capacidad para regular las emociones, para experimentar alegría y tener una vida plena. Incluso afecta a nuestro bienestar físico, poniendo freno al sistema inmunitario.*

La basura emocional del pasado es como el conjunto de viejas cajas de «trastos» emocionales que llenan el desván que es nuestra mente. Si lo que hay en nuestro desván hace que nos sintamos perennemente impotentes, a la defensiva, traicionados, tristes e infelices, es posible que esté impidiéndonos reconocer las cosas buenas y que merecen la pena de la vida. Por el contrario, la capacidad de vivir una vida sana, feliz y equilibrada —una vida plena y cargada de significado— podría definirse en función de nuestra habilidad para despejar ese desván. Para conseguirlo, debemos identificar, adaptar, regular y neutralizar todo ese desorden emocional que amenaza con desbaratar nuestros sueños y metas.

Para ilustrar la fuerza de agarre de la vieja basura emocional, contaré aquí el caso de una de mis clientas, Margo (en este libro, se han cambiado todos los nombres y detalles identificativos de clientes).

Margo, una mujer guapa y bien vestida que ya había cumplido los cincuenta, vino a verme por una depresión clínica aguda. El desván de su mente estaba tan atestado de viejas cajas de basura emocional de carácter familiar que su capacidad para experimentar el aquí y ahora se estaba viendo gravemente limitada. Durante la primera sesión de toma de contacto, Margo no dejaba de detenerse una y otra vez en una caja concreta de su desván. Repetía una frase que se había convertido en algo así como una especie de mantra espiritual. «Mi padre me trataba mal», decía, de manera casi robótica. «Me maltrataba. Estuvo diciéndome las cosas más horribles desde los seis años».

Era nuestra primera sesión, de modo que quise obtener más información sobre su vida antes de indagar en cualquier cuestión concreta. Tras empatizar con Margo, traté de reconducirla, pero ella estaba tan anclada a esa vieja historia que no podía liberarse de ella, como un coche con las ruedas hundidas en el barro. Finalmente le dije: «Margo, me he dado cuenta de que vuelves una y otra vez a la historia de tu relación con tu padre y deseo que me hables más sobre ello en algún momento. Pero tengo una curiosidad, ¿has contado alguna vez el número de veces que te recuerdas a ti misma esa historia a lo largo del día?».

Margó hizo una pausa y se llevó la mano a la barbilla. Me miró fijamente, como si acabara de salir de un profundo trance (de hecho, así fue). «¡Qué gracia que me preguntes eso! He tratado de contar el número de veces», dijo asintiendo con la cabeza, «pero siempre pierdo la cuenta. Lo que sé, en cambio, es que cuando no me recuerdo a mí misma esa historia, soy mucho más feliz».

De alguna manera esa historia emocional sin resolver era como un pesado fardo difícil de manejar y lleno de nudos emocionales con el que Margo llevaba cargando todos los días de su vida. Esta historia enmarañada la arrastraba fuera del momento presente y le impedía vivir una vida dichosa y establecer relaciones sanas. Esta ofensa emocional sería comparable a una ventana sucia a través de la cual Margo percibía los acontecimientos diarios y, dado que se trataba de una ventana mugrienta y empañada, actuaba como un filtro que no dejaba pasar la luz. Por desgracia, así nunca podría ver las cosas como en realidad eran.

Curiosamente, Margo estaba utilizando una suerte de mantra, un poderoso ejercicio de conciencia plena que analizaremos en el libro. Sin embargo, estaba utilizándolo de un modo negativo, que mantenía su bloqueo emocional, en lugar de servirle para despejar la basura. Como descubrirás a lo largo de la presente obra, las afirmaciones positivas y mantras son un método eficaz de utilización de la atención plena o *mindfulness* para desviar la atención de formas de pensar habituales y muy arraigadas.

Además de eliminar vieja basura emocional, también debemos eliminar *toda la basura nueva* que amenaza con pegarse a nosotros. Es algo parecido al sarro que se adhiere a los dientes: la acumulación de nuevo lastre emocional es un proceso natural y que nunca cesa. Para muchos de nosotros, sin embargo, el tener que afrontar el nuevo y, en apariencia, interminable desbarajuste de emociones resulta frustrante y exasperante. Si crees que hay personas que consiguen evitar esa carga, párate a pensarlo mejor. Ni siquiera Buda podía evitar la carga emocional y mental. No obstante, siendo un hombre joven, esa carga le motivó a encontrar la manera de liberarse de ella, incluida la carga emocional que se genera por un anhelo intenso e insano.

¿Cuáles son los factores estresantes cotidianos que impulsan tu vida hacia el caos y crean nuevo desorden emocional? Un peligro real o solo percibido en el entorno puede interceptar la parte de tu cerebro que se centra en la supervivencia. ¿El resultado? El procesador de la basura emocional de tu cerebro —la amígdala, que examinaremos en el capítulo 2— se pone en funcionamiento. El ritmo de la vida moderna y la cantidad de cosas que requieren nuestra atención son probablemente hoy mayores que en ningún otro momento de la historia. Nos enfrentamos a una sobrecarga de información que nos llega a través de correos electrónicos, noticias e internet y de la complejidad creciente de la vida, como la necesidad de tomar decisiones sobre seguros, educación de los hijos, transporte, atención sanitaria, dónde vivir y como pagar todo esto.

Además, las preocupaciones acerca de las grandes transiciones de la vida pueden dejar también todo tipo de residuos emocionales. Otro cliente, Richard, sentía constantemente preocupación y ansiedad en relación con su cercana jubilación. «Ahora más que nunca en mi vida tiendo a pensar desde el miedo, y no sé qué hacer al respecto», se lamentaba.

No se trata solo de las grandes transiciones de la vida. El mero hecho de tener que tomar una pequeña decisión —como dónde y de qué manera comprar un libro— puede contemplar múltiples opciones: *¿Internet o tienda física? ¿Librería de barrio o cadena comercial? ¿Precio o comodidad? ¿Libro digital o impreso? ¿Envío estándar, envío en dos días o entrega al día siguiente? Metálico, PayPal, tarjeta de crédito o tarjeta de débito?* De hecho, los estudios científicos sobre el cerebro dicen que cuantas más elecciones se ve obligada la persona a realizar durante el día más se debilita y agota la energía cerebral. No es de extrañar que las pequeñas y continuas decisiones de la vida nos dejen exhaustos.

Si tu cerebro se encuentra sometido a una descarga constante de basura emocional procedente de cualquiera de estas fuentes, tómate un descanso y respira profundamente. En este libro tu cerebro va a obtener un tipo totalmente distinto de descarga, que está basada en la ciencia moderna y en prácticas antiguas y que está diseñada para controlar las emociones, ayudarte a sentirte seguro o segura y enriquecer tu vida.

Si quieres gestionar tu desorden emocional, la mejor forma de hacerlo es empezando por tu cerebro.

Y eso es lo que vamos a hacer en estas páginas.

LIMPIEZA DE LA BASURA EMOCIONAL POR LA VÍA DEL PENSAMIENTO CONSCIENTE

El objetivo de *Cómo limpiar tu basura emocional* es ayudarte en el proceso de sanación y superación de dolores, ofensas, traumas, elementos tóxicos estresantes y carga emocional del pasado y del presente, sin culparte, avergonzarte ni castigarte a ti mismo. Me agrada pensar en ello como un *reinicio plenamente consciente de tu forma de vivir*, una manera de deshacerte de los viejos y habituales métodos de vivir y de pensar que nos mantienen aferrados a nuestra basura emocional hasta el punto de no ser capaces de imaginar cómo salir de ella. Y lo que es más importante, cualquiera puede aprender las habilidades necesarias para llevar a cabo este reinicio plenamente consciente de tu forma de vivir, y además no requiere una gran inversión de tiempo. La neurociencia nos dice que apenas unos minutos al día pueden bastar para reprogramar el cerebro y eliminar de tu vida la carga emocional no deseada.

Cómo limpiar tu basura emocional está estructurado en cuatro partes. La Primera parte «Cómo reconocer y limpiar vieja basura emocional», examina el modo en el que puedes llegar a ser más consciente de los distintos tipos de viejo lastre que han influido negativamente en tu vida o alterado tu capacidad para centrarte y alcanzar el equilibrio emocional. Es algo así como el primer paso en la reprogramación de un ordenador. Si no reconoces los programas habituales de pensamiento perjudicial que están dañando el disco duro de tu cerebro, ¿cómo pretendes reparar el sistema operativo? Aunque inicialmente haya podido ser moldeado por situaciones fuera de tu control, el cerebro es muy maleable. La neurociencia muestra que puedes remodelar la arquitectura interna de tu cerebro, de forma muy parecida a como un deportista modela su cuerpo yendo al gimnasio. Gracias al aprendizaje de nuevas herramientas, puedes convertirte en un maestro de la programación, capaz de arreglar tu cerebro.

Además, aprenderás eficaces herramientas o habilidades de atención plena, lo que se conoce como *mindfulness*, para usar tu atención y consciencia del momento presente para desactivar esos programas de basura emocional, en gran medida del mismo modo que eliminas archivos o *vacías la papelera* del disco duro de tu ordenador. Cuando estás presente en el momento, siendo consciente de tu cuerpo a través de la respiración, estás ejecutando un programa totalmente diferente, selectivo y de adaptación, que puede transformar drásticamente tu experiencia vital. En otras palabras, estarás navegando por tu «Facebook interior», atento a todo aquello que cultiva tu sentido interior más profundo de seguridad, realización, valores y propósito.

La Segunda Parte, «Superación de la basura relacional, cultural y ancestral», aborda las relaciones trascendentales, los problemas familiares y la carga cultural insana. Dado que el cerebro está estructurado para que nos relacionemos con otros, es esencial deshacerse del lastre que impide la cercanía, el interés por los demás y los sentimientos de seguridad y apoyo que se derivan de unas relaciones sanas. Practicarás la comunicación con los demás —y contigo mismo— de un modo que favorece la confianza y la sinceridad. Descubrirás además el poder de escuchar y la manera en la que este permite transformar tu percepción de la carga emocional originada por esas personas «difíciles» de tu vida.

La Tercera Parte, «Prevención de nueva basura emocional mediante limpieza diaria», aborda una serie de prácticas eficaces para prevenir la acumulación de *nuevo* lodo emocional. Ofrece herramientas para lidiar con el estrés diario y las transiciones. En momentos de transición las personas experimentamos a menudo incertidumbre en relación con qué será lo siguiente que ocurrirá. Dicha percepción produce de forma natural sensación de ansiedad y desarreglo emocional. Esto es así tanto si estás pasando por una transición importante en tu vida —tener un niño, mudarte, divorciarte o separarte, perder tu empleo o sufrir problemas de salud— como en las transiciones cotidianas, como conducir hasta una cita o acudir a una reunión de trabajo. Al incorporar a tu estilo de vida ejercicios eficaces de *mindfulness*, conexión con la naturaleza y simplificación de la vida, experimentarás más alegría cada día y, al mismo tiempo, estarás evitando la acumulación de nueva basura emocional.

La Cuarta Parte, «Transformación y realización con propósito, paz y plenitud», te llevará más allá de la basura emocional, a un lugar más satisfactorio y con más significado, a tu más profundo propósito en la vida. Es este un regalo en el que el significado y la intención de tu vida se convierten una sola cosa. A tal fin integrarás en tu forma de vida la capacidad de calmar el corazón y curar antiguas heridas, de desatar nudos difíciles —en el momento— antes de que te aten y de acceder a la sabiduría de tu «yo». Esta exploración puede aportar tus mejores valores al mundo, de una manera verdaderamente autososte-nible y asertiva.

EJERCICIOS MUSCULARES DE *MINDFULNESS* PARA LIMPIAR TU BASURA EMOCIONAL

Antes de comenzar tu recorrido de limpieza, tienes aquí una pri-mera guía rápida sobre las habilidades que deberás utilizar. Probable-mente habrás oído ya la palabra *mindfulness*, pero ¿qué significa real-mente?. ¿Cómo funciona la atención plena o *mindfulness*? A lo largo de *Cómo limpiar la basura emocional*, aplicarás directamente las si-guientes aptitudes, pensadas para acabar la carga emocional, tanto an-tigua como nueva. Me gusta pensar en ellas como en las «seis habili-dades de *mindfulness* limpiadoras de basura emocional», cuyas iniciales componen en inglés el acrónimo PAIR UP.

Siempre que te sientas sobrepasado por la carga emocional, puedes hacerte a ti mismo la pregunta: ¿cómo puedo afrontar («*pair up*» en inglés) lo que me está sucediendo. Mediante el uso de estas herra-mientas para «barrer» el desorden, es posible encontrar el equilibrio emocional y afrontar en armonía lo que te rodea de un modo que te aporte claridad y tenga un propósito.

He aquí las seis habilidades:

Participación en el momento presente	**P**	*Participation*
Aceptación en sintonía	**A**	*Aceptation*
Intencionalidad	**I**	*Intentionality*
Reflexión	**R**	*Reflection*
Comprensión del sufrimiento	**U**	*Understanding of Suffering*
Colaboración con un propósito	**P**	*Purposeful partnership*

La primera habilidad para limpiar la basura emocional es la *Partici-pación en el momento presente*. Demasiado a menudo, el desorden emocional se produce cuando nuestra mente vaga hacia el pasado o hacia el futuro. La práctica de *mindfulness* ayuda a desviar el pensamiento de traumas pasados o de ansiedad persistente sobre el futuro, al fijar firmemente tu atención en el aquí y ahora. Según un estudio publicado en la revista *Science*, investigadores de Harvard estudiaron el divagar de la mente de las personas y llegaron a la conclusión de que nuestra mente se pasa la mitad del tiempo (en torno a un 47-48 por ciento) divagando[2]. No obstante, lo realmente interesante es el hallazgo de que las personas son más felices cuando *participan* plenamente en el momento. En el estudio el divagar de la mente se producía sobre todo cuando las personas se encontraban trabajando delante de un ordenador. Y cuando más presentes —y felices— decían que se sentían era en los momentos en loas que se encontraban conversando con alguien, haciendo ejercicio o manteniendo relaciones sexuales. (Ciertamente, no está nada mal estar presente durante todas estas actividades.)

En segundo lugar, la práctica de *mindfulness* cultiva un estado de *Aceptación en sintonía*. Con actitud de aceptación es más fácil capear las tormentas inesperadas de la vida. Aunque a muchos de nosotros nos gustaría creer que tenemos el control de cuanto nos sucede, la vida es a menudo impredecible y cambiante. La aceptación en sintonía consiste en ser honestamente conscientes de lo que está sucediendo a nuestro alrededor y de nuestras sensaciones internas —concediéndonos la oportunidad de integrar y comprender incluso sensaciones y experiencias negativas. Además, esa sintonía con la gente nos permite sentir aquello por lo que están pasando los demás. Gracias a la sintonía adquirimos un conocimiento empático, así como un sentido de profunda reciprocidad y de interacción con los demás. Esto nos ayuda a ser más auténticos, equilibrados, comprensivos y compasivos, piezas esenciales para la construcción de relaciones más estrechas y significativas.

La tercera habilidad para limpiar la basura emocional consiste en la *Intencionalidad*. Tiene que ver con la toma diaria de decisiones y con nuestros actos cotidianos, incluso los más pequeños. Con intención, podemos adentrarnos en el día a día y, al mismo tiempo, reducir al mínimo la aparición de nueva basura emocional, sin dejar atrás distraídamente un desorden que más tarde tendríamos que limpiar. La opción ética invita a una forma de vivir más centrada en el corazón, que hace hincapié en una vida servicial y comprensiva y está menos centrada en conseguir más y más cosas (sí, más basura).

La cuarta habilidad es la *Reflexión*, que es la capacidad de mirar hacia dentro, hacia nuestros pensamientos y emociones. Esta habilidad invita a indagar en profundidad sobre el origen de nuestra basura emocional. Un análisis de este tipo produce a menudo una profunda visión interior, cultiva la sabiduría y es autorreguladora, ya que estamos examinando nuestros pensamientos y emociones en lugar de dejar que vaguen sin control. Cuando nos detenemos el tiempo suficiente, podemos observar no solo pensamientos y emociones, sino especialmente deseos y antojos, que siempre merecen una segunda consideración. Si has tenido alguna vez algún deseo incontrolable que te ha causado problemas —como darte un atracón de comida— entonces sabrás lo importante que puede ser examinar ese antojo en lugar de limitarte a reaccionar de manera impulsiva. Mediante la reflexión, es posible elegir sabiamente el modo de orientar nuestros pensamientos —y nuestra vida— en una dirección totalmente nueva.

La quinta habilidad consiste en *Comprender el sufrimiento*. Si realmente no comprendemos el modo en el que la basura emocional llega a nuestras vidas y se aferra a nosotros, ¿cómo vamos a poder frenarla o acabar con ella? Al comprender más claramente las raíces del sufrimiento, podemos arrancar esas malas hierbas antes de que crezcan y formen una enorme maraña invasiva que nos impida crecer. Una raíz así se agarra a alguien o a algo temporal, y no permanente y eterno. No podemos aferrarnos a algo por mucho tiempo —esa brillante pintura de coche nuevo se vuelve opaca y se desportilla. Nuestro cuerpo, en otro tiempo joven, envejece y se arruga. Como escribió una vez el cantautor Leonard Cohen, «Bien, mis amigos se han ido y mi cabello está gris. Me duelen los lugares donde solía tocar» [3]. Pero este conocimiento no tiene por qué producir basura emocional de infelicidad. Por el contrario, el darnos cuenta del millar de causas de nuestra propia angustia nos enriquece. Esto tiene tres efectos beneficiosos. Tiramos de las raíces negativas que nos causan aflicción, nos calmamos con el reconocimiento y la aceptación y, quizá lo más importante, crecemos al comprender a otros que inevitablemente deben estar experimentando pérdida, dolor y tristeza. A través de la comprensión del sufrimiento, aumentamos nuestra compasión, empatía y afinidad universal, nuestro corazón se ablanda y nos hacemos más humanos. Podemos imbuir de compasión nuestras palabras, nuestro corazón y nuestros actos.

El antídoto final de *mindfulness* para limpiar la basura emocional es la *Participación en el propósito*. Este libro termina analizando cómo transformar nuestra vida compartiendo un propósito central con otros y con el mundo. El propósito vital eleva nuestra existencia, incluso nuestra experiencia diaria, trayendo al frente nuestros valores más profundos. Nos brinda una gran visión de conjunto de lo que más importa. Integrado en una participación informada, el propósito puede brotar y crecer dando lugar a algo que nunca habíamos imaginado. En la participación se reconoce que todo cuanto hacemos tiene relación con otra cosa.

Siempre que utilices cualquiera de estas habilidades de *mindfulness*, estarás en realidad aplicándolas todas. Cada una de ellas potencia tu consciencia de lo que trae consigo la carga de dolor y sufrimiento, así como lo que suponen la alegría y la satisfacción. Estas seis habilidades son como el motor bajo el capó del coche, fuera de la vista pero necesario para movernos hacia nuestro destino. Aunque no siempre se haga referencia a ellos de manera directa, estos principios están integrados en el apartado práctico de «Herramientas para la vida» que he incluido en este libro. Siempre que lo necesites, vuelve a estas seis habilidades como recordatorio multiusos para centrarte en el momento presente.

COMIENZA ALLÍ DONDE ESTÉS

Recuerdo que en una ocasión escuché a un charlatán de feria decir al público: «¡Dad un paso adelante y vuestro cuerpo os seguirá espontáneamente!» Qué excelente consejo para emprender cualquier viaje. Simplemente hay que dar ese primer paso, que tú ya has dado al comenzar a leer estas páginas. Al subirte a una atracción de feria tu adrenalina se dispara, mientras que el viaje aquí propuesto es una travesía suave e indulgente para curarte de la basura emocional.

En la mayoría de los viajes es muy fácil obsesionarse con cómo resultarán las cosas. Podemos tener la tentación de puntuar el viaje y de juzgarnos a nosotros mismos por nuestros éxitos o fracasos. Sin embargo, si abandonamos las expectativas tendremos mayor libertad para vivir la experiencia del viaje en sí mismo, sin las limitaciones ni los obstáculos de nuestras voces interiores de crítica. *Confía en que, implicándote en el proceso, llegarás a tu destino.*

Tenemos la fortuna de vivir en un tiempo en el que las enseñanzas de nuestras sabias tradiciones están hallando confirmación en la ciencia moderna, y ambas esferas nos dicen que *podemos* realizar estos cambios fundamentales desde la consciencia. Como sospecharon los antiguos místicos, la búsqueda de la claridad, la paz y la dicha es un trabajo interior que se acomete utilizando diversas herramientas de meditación. Nosotros usaremos estas herramientas ancestrales para gestionar la basura emocional del siglo XXI.

Eliminar la basura emocional de la vida y encontrar plenitud y realización pueden no ser tareas fáciles, pero tampoco son una ilusión. Este es, quizá, nuestro mayor don y nuestro potencial innato como seres humanos. Todos podemos hacerlo y no tenemos que recluirnos en una cueva y meditar. Puedes hacerlo en el jardín de tu casa, por ejemplo, aprovechando las circunstancias que la vida te presenta a modo de tarea diaria.

¿Qué mejor lugar y qué mejor momento para comenzar que aquí y ahora?

— *Parte 1* —

Cómo reconocer y limpiar vieja basura emocional

Mente y cuerpo actúan como un contenedor personal, en el que la conciencia, o bien se purifica y se limpia, o bien resulta empañada y enturbiada por pegajosos restos emocionales del pasado. En esta sección aprenderás a desarrollar la habilidad para limpiar tu conciencia y vaciar tu contenedor de viejas y persistentes heridas mentales y creencias autoimpuestas. Hacerlo es alcanzar una profunda transformación que revalida la vida.

Capítulo 1

BÁJATE DEL ASCENSOR EMOCIONAL

Ayúdame a amar un lento devenir,
a no prejuzgar
que arriba es mejor que abajo, o viceversa.
Ayúdame a disfrutar del camino.

GUNILLA NORRIS, *Being Home* [1]

Las cosas te van bien, consigues ese ascenso, compras esa casa nueva que siempre deseaste, tienes un buen concepto de ti mismo, recibes un bonito elogio, y entonces el ascensor sube.

O las cosas no te van bien, caes enfermo, tu pareja te deja, piensas que eres un inepto, tus amistades ignoran tus mensajes, y entonces el ascensor baja.

El despertar es el *ticket* para el viaje en ascensor y el saber es lo que pulsa los botones. Ante este fantástico regalo, de repente te das cuenta de que el premio real es liberarse de esos botones y no presionarlos obsesivamente como una rata de laboratorio que trata de obtener una recompensa o de evitar una descarga.

Sí, el viaje en ascensor puede ser emocionante. Pero también puede ser tedioso y agotador. ¿Estás preparado para bajarte del ascensor? Si es así, estás listo para este regalo tan especial que te permitirá transformar la chatarra emocional del pasado. Estar plenamente despierto es el camino hacia la alegría, hacia la paz.

El aire de verano se dejaba notar, húmedo y pesado, en la gran sala donde me encontraba sentado, meditando junto a otras setenta y cinco personas durante un retiro de silencio de diez días, en el norte del estado de Nueva York. Tenía los ojos cerrados y llevaba meditando media hora o más. Era consciente del aire que entraba y salía de mi cuerpo con la respiración, al tiempo que mi abdomen se expandía y contraía. Me sentía en paz y en calma. Y entonces...

Un fuerte e inesperado ruido rompió el silencio como el estallido de un trueno. Nuestro guía, un lama tibetano, dio una palmada al tiempo que pronunciaba muy alto una palabra corta, que sonó como algo parecido a «PEIIAY». Tras este sobresalto inicial, dijo con voz entrecortada: «¿Quién está escuchando? ¿Quién está ahí dentro? ¿Quién está sentado? ¿Quién está meditando? ¿Quién y qué están pulsando vuestros botones y haciendo que os sintáis bien o mal? ¿Dónde está esa voz que lo comenta todo? ¿Quién? ¿Qué? ¿Dónde?».

Las preguntas del lama golpearon mi conciencia como un rayo. ¿Dónde *estaba* exactamente esa persona con la que debía identificarme? ¿Había realmente alguien ahí dentro? ¿De dónde procedía esa voz que resonaba en mi cabeza, esa que no percibía exactamente igual que mi voz real? Era esa voz que parecía no querer callarse nunca y que buscaba siempre atención y aprobación una de las razones por las que me encontraba meditando.

Por un momento, los engranajes de mi cerebro dejaron de girar. Simplemente no podían procesar las impenetrables preguntas del lama. Durante un breve instante, tal vez por la exasperación, mi mente se detuvo y lo único que quedó fue conciencia. El comité de voces del ego que no deja de hablar y de contar historias había parado. Ya no había un «yo» en el camino. Solo una espaciosa conciencia. Solo eso. Solo el espacio. Solo presencia.

Las peculiares preguntas del lama podrían parecer pensadas para divertir a la gente. Hay que tener en cuenta, en efecto, que vivimos en una cultura, mejor dicho, en un mundo en el que tener una fuerte personalidad te lleva a la televisión, en el que la iniciativa y la creatividad del individuo son cualidades muy codiciadas y en el que los constantes estímulos hacen que la contemplación y la introspección sean poco comprendidas, si no activamente evitadas.

De hecho, un estudio llevado a cabo por psicólogos de la Universidad de Virginia y de la Universidad de Harvard y publicados en la revista *Science* indica que la gente es bastante reacia a quedarse a solas con sus pensamientos [2]. Cuando se solicitó a un grupo de personas que permanecieran a solas con sus pensamientos entre seis y quince minutos en un aula cerrada o en su casa, entre un tercio y la mitad de los participantes hicieron trampa y escucharon música o utilizaron el móvil. En un estudio posterior los investigadores colocaron a sujetos en una habitación en la que podían autoadministrarse voluntariamente descargas eléctricas, en lugar de quedarse simplemente a solas con sus pensamientos. Más de la mitad se administraron a sí mismos descargas.

¿Es realmente tan aterrador sentirse presente, sin ninguna forma de estimulación? ¿Qué harías tú si se te diera a elegir? ¿Qué haces cuando estás solo? Es perfectamente comprensible que tengas miedo a los escenarios no deseados que tu mente puede evocar cuando se queda sola. Para comprobar la capacidad que tiene nuestra mente de darnos un susto de muerte, los investigadores realizaron pruebas entre estudiantes universitarios de trece países y seis continentes distintos. Los resultados, publicados en la revista *Journal of Obsessive-Compulsive and Related Disorders*, fueron que el 94 por ciento de los participantes habían experimentado un pensamiento no deseado en los últimos tres meses, generalmente alguna forma de duda intrusiva [3]. Un número menor experimentó algún tipo de pensamiento intrusivo repugnante. Esta es la razón por la que, a menudo, escribo las siguientes palabras en la pizarra blanca de mi consulta:

Los pensamientos no son necesariamente hechos.
La mayor parte de las veces ni siquiera están cerca.

Imagina, por un momento, que estás sentado en la arena en una hermosa playa en Malibú cuando, de repente, tienes el pensamiento más angustioso y preocupante del mundo. Aparte de unos cuantos californianos morenos con sus toallas, no hay absolutamente nadie peligroso en esa playa. Y, aun así, un pensamiento aterrador puede tener un poderoso efecto: apoderarse de la alegría y la experiencia de ese momento.

Por otro lado, ¿qué ocurre si simplemente observas el mismo pensamiento nada más que como una sensación mental? En otras palabras, supón que lo ves como algo no diferente de una sensación física —salvo que está sucediendo en tu mente. Una sensación física no eres tú, ¿no? Es una sensación breve y fugaz que se percibe en el cuerpo. De igual modo, una sensación mental no eres tú. Los pensamientos representan un proceso natural y son un reflejo de que tu cerebro está trabajando, lo cual es algo bueno. Lo que no resulta de ayuda es que deseos y pensamientos que se rumian habitualmente con ansiedad —residuos de un pasado daño emocional— secuestren tu cerebro y lo alejen de tu experiencia en el momento presente.

En lugar de ir a la guerra con tus pensamientos, combatiendo contra ellos o temiéndolos, puedes adoptar una actitud más diplomática, o distante, mediante *mindfulness*. Para comprender mejor la idea, entrevisté a Paul Harrison, director de *The Mindfulness Movie* con una dilatada experiencia en meditación [4]. Me contó que él había pasado en su vida por un desvío importante en su conciencia que le había cambiado radicalmente la vida:

Tuve una experiencia en mi juventud que me llevó a comprender que yo no era el ego. Ocurrió una tarde. Estaba sentado frente a mi escritorio y me sentía muy frustrado con la meditación. Me di cuenta entonces del limonero que se veía por la ventana. Empecé a fijar la mirada en un limón, hasta que perdí por completo la conciencia de mí mismo. Estaba tan absorto en el limón que perdí la noción del tiempo y de cuanto me rodeaba. Entonces tuvo lugar un cambio inmediato de percepción y comprendí que la fuente del pensamiento —ese momento antes de que un pensamiento se produzca realmente en la mente— era en realidad el vacío. Era una conciencia de vacío viva y plena y permeada del vacío del universo. Y finalmente me di cuenta de que el «yo» es simplemente una herramienta que produce la mente. Pensamos lo que necesitamos. Pero hay algo mucho más profundo dentro de todos nosotros.

Ese cambio de perspectiva permaneció conmigo desde entonces y me ha mantenido conectado a la tierra. Yo solía moverme motivado por el dinero, pero ahora sé que el dinero es también una herramienta. Ese cambio de perspectiva me ayudó a alcanzar el equilibrio en la vida y por ello pasé más tiempo con mis hijos cuando eran pequeños y más me necesitaban y ahora sé que, para mí, disfrutar de tiempo de calidad en la vida merece la pena más que las típicas cosas en las que mucha gente pasa tanto tiempo ocupado.

Desde aquella experiencia nunca he tenido tendencias depresivas. Se debe a ese conocimiento interno de que la tristeza es solo un estado de paso en la mente. Existe un estado separado de conciencia que permanece objetivo con respecto a la tristeza. Esto no quiere decir que no pierda nunca el equilibrio. Pero me proporciona una perspectiva de conjunto que necesito para reorientarme hacia mi estado de equilibrio. El universo adquiere conciencia de sí mismo a través de tu cuerpo y de tu mente y, cuando te das cuenta de ello,… ese es el regalo.

PARA DESPERTAR, HAY QUE VER
MÁS ALLÁ DEL SECUESTRADOR

Como derecho natural todos tenemos una conciencia espaciosa, una poderosa presencia carente de preocupación, culpa y miedo. Tómate un momento para imaginar cómo sería o cómo se sentiría eso. Es como darse cuenta de nuestro estado mental desde una distancia de seguridad. Como demuestra la historia de Paul, una manera de evitar el viaje en ascensor es no dejarse secuestrar o no aferrarse al punto de vista del «yo céntrico», al que a mí me gusta referirme como el «yo, mi, me, conmigo».

Supón, por ejemplo, que lanzas al aire un cubo de pintura roja. ¿Se tiñe o colorea el aire con la pintura? No, no cambia. Sigue siendo solo aire. La espaciosa conciencia es así, no se tiñe por los pensamientos egocéntricos del «yo» sobre acontecimientos que vienen y van. Tus pensamientos son como esa pintura, que salpica pero que realmente no se pega al aire.

Cultivando la conciencia espaciosa poco a poco puedes desprenderte de los filtros limitadores del «yo, mi, me, conmigo», aflojando así tu identificación con el torrente sin fin de pensamientos que posiblemente te mantienen tenso, reactivo, al límite. Esta conciencia desnuda no toma partido, no añade nada a tu experiencia ni le quita nada. No juzga los pensamientos ni define quién eres por el contenido de la mente. La conciencia simplemente observa, sin llevar una agenda, aparte de dejar que vivas consciente, presente y en paz.

HERRAMIENTA PARA LA VIDA
Meditación para bajar del ascensor emocional

No existe un equipo especial que puedas comprar para bajarte del ascensor emocional y cultivar la conciencia espaciosa. Salir del ascensor es un proceso que pasa por dejar que la mente se asiente y tomar conciencia de la presencia del cuerpo. Esta herramienta para mejorar la manera de vivir consta de tres sencillos pasos. Para empezar, busca un entorno natural en el que nada vaya a interrumpirte durante cinco o diez minutos. (Las autodescargas son opcionales). Vale cualquier marco natural: un parque, un patio con un árbol o arbusto o un pequeño jardín con un poco de hierba. Un cielo con nubes siempre es estupendo; es una manera de lanzar tu mirada lejos, muy lejos.

1. Mira si tu mente puede vaciarse por sí sola en el cielo y las nubes. Mira si, durante apenas un segundo, puedes perderte en la masa de hojas y ramas de un árbol. Date cuenta de cómo en ese momento, entre pensamientos, aunque solo sea durante una fracción de segundo, el «yo» se desvanece. Solamente hay observador, solo conciencia. Solo espacio *entre* los pensamientos. Este es tu ser más grande, sin fronteras. ¡Qué maravilla!

2. No importa que tengas muchas cosas en la cabeza. No esperes a haber terminado el trabajo, las tareas u otras ocupaciones. De hecho, es mejor que te pares en medio de todas esas obligaciones mentales para realizar este ejercicio. Te darás cuenta de que la mente se resiste a que te sientes y tomes conciencia. Cuando te sientes, simplemente sé testigo de lo que hace tu mente, de cómo reacciona, comenta, anuncia, distrae, se llena de deseo, anhela, evita, quiere llevarse el cuerpo a otra parte, estalla en pensamientos intrusivos, y así sucesivamente. ¡Qué gran espectáculo! No luches contra nada. Podrías incluso comentar «Hola de nuevo, mente. Gracias por estos pensamientos», antes de volver a la naturaleza. Si sientes emociones, date cuenta de lo que son y de la parte del cuerpo en la que las sientes. Al final (aunque el termino «final» es relativo), la mente se hará a la idea de que no vas a luchar contra ellas y de que este juego no es divertido.

3. No importa cuántas veces las mente se entrometa, acuérdate de respirar. Respira lentamente. Después, regresa con la mirada a la naturaleza. No hay límite de tiempo para la realización de este ejercicio ni restricciones en cuanto al momento de practicarlo. Puedes probar a la hora del almuerzo durante un minuto o en el patio de casa durante una hora. Después, cuando lo hayas hecho, siéntate y hazte las siguientes preguntas. En realidad, yo recomiendo anotar las respuestas en un diario que puedas luego consultar a medida que avances con este libro.

- ¿Cómo has conseguido reconducir tu mente pensante, analizadora y crítica? ¿Cómo te las arreglaste para dejarla marchar, no retenerla e ir más allá? ¿De qué modo el comité interno de «yo, mi, me, conmigo» tiñe de color tus experiencias diarias?

- ¿Cómo ha sido eso de ser solamente testigo de tus pensamientos, en contraposición a reaccionar ante ellos?

- ¿Cómo describirías esos momentos en los que estabas vacío del punto de vista del «yo»? ¿Puedes recordar algún momento de tu vida en el que hayas experimentado esto?

- ¿Cómo puedes utilizar este ejercicio para recuperar el contacto con la tierra cuando tus botones emocionales —los de subida y los de bajada— están siendo pulsados?

Cuando utilices cualquiera de las herramientas para la vida propuestas en este libro, abre las puertas a la autocompasión y a la paciencia. Nadie es «perfecto» cuando se trata de aprender acerca de la naturaleza de la mente, de modo que en un principio confórmate con un «aprobado». Recuerda, además, que no estás intentando detener los pensamientos. Se trata más bien de hacer amistad con la mente, de asombrarte de cómo funciona y de bajarte del ascensor emocional cultivando una conciencia espaciosa e identificándote menos con tu tiovivo mental.

Capítulo 2

TU FACEBOOK INTERIOR

¿Y si pudieras borrar el recuerdo de todos sobre cómo funciona el mundo? En ese momento el mundo renacería.

JOHN NELSON, *Matrix of the Gods*[1]

¿Eres un ávido usuario de las redes sociales? ¿Cómo hace que te sientas el tiempo que pasas en Facebook o en otras páginas de redes sociales? ¿Te das cuenta de cuándo tu estado de ánimo sube o baja? ¿Te das cuenta de los chorros de recuerdos, pensamientos o deseos que resultan estimulados por las imágenes y los *posts* de los demás?

Mucha gente usa las redes sociales de un modo positivo para mantenerse en contacto con amigos o familiares que están lejos. Del mismo modo las personas necesitamos mantenernos constantemente en contacto con los «*posts*» que publicamos en nuestra propia mente, así como con los «mensajes de texto» que el cuerpo nos envía, todo lo cual compone lo que yo denomino *Facebook interior*.

Las habilidades para navegar por tu Facebook interior tienen que ver con cómo empleas uno de tus más preciados recursos: *tu atención*. La atención es lo que utilizas aquí y ahora para navegar por tu mundo. Los demás pueden tratar de atraer tu atención para sus propósitos, pero nadie más que tú puede, en última instancia, decidir cómo aprovechar y utilizar este don de la conciencia.

Para ilustrar el concepto al que me refiero, responde a este breve cuestionario:

- ¿De qué maneras has utilizado hoy tu atención?
- ¿Con qué frecuencia ha atraído tu atención la tecnología?
- ¿Qué buena sensación te ha producido aquello en lo que ha recaído tu atención?
- ¿Has utilizado la atención para que te ayude a sentir mayor equilibrio y paz?

La atención es necesaria para regular tus emociones y ayudarte a mantener tu equilibrio emocional a lo largo del día. Mediante la navegación por tu Facebook interior puedes ser más consciente de «*posts*» internos o externos que son dañinos o que te distraen. Te das cuenta de las sutiles señales de tensión, estrés o malestar que te envía tu cuerpo. El conocimiento de cómo desviar la atención te permite adquirir gran destreza subiendo *posts* enriquecedores y optimistas, que te aportan motivación, inspiración e implicación. Al navegar por tu Facebook interior, te conviertes en un experto en detectar tu estado de ánimo, sentir emociones en tu cuerpo y cultivar la actitud de un observador imparcial, al tiempo que recuperas el equilibrio. Hacer esto equivale literalmente a reprogramar y remodelar la manera en que tu cerebro realiza sus conexiones.

Por otro lado, si careces de aptitudes para navegar por tu Facebook interior, podrías encontrarte desesperadamente sumido en la basura negativa del pasado. En uno de los mayores estudios de este tipo llevados a cabo en el Reino Unido los investigadores analizaron a más de treinta y dos mil participantes, que completaron una encuesta *on-line* relacionada con el estrés y los pensamientos repetitivos autodestructivos [2]. El estudio llegó a la conclusión de que los acontecimientos traumáticos de la vida y los antecedentes familiares eran los mayores predictores de depresión y ansiedad. Sin embargo, existía una variable fundamental que mantenía el estrés bajo control. Esa variable mediadora era la *percepción* del estrés que tenía cada persona. Si crees intensamente que no puedes afrontar una situación estresante, entonces no podrás. Sin embargo, si desvías tu atención para ver la situación con mayor distanciamiento, podrás pensar en ella y valorarla de diferente manera. Podrías decir: «Sí, esto es estresante, pero ya he gestionado en el pasado este tipo de situaciones de forma eficaz. Y puedo encontrar recursos que me ayuden a superarlo con éxito». Dice el profesor Peter Kinderman, investigador director del estudio llevado a cabo en el Reino Unido: «No podemos cambiar la historia familiar de una persona ni sus experiencias en la vida, pero se puede ayudar a la persona a cambiar el modo de pensar y es posible enseñarle estrategias de afrontamiento positivo que mitiguen y reduzcan sus niveles de estrés»[3].

¿DÓNDE ESTÁ TU ATENCIÓN EN ESTE MOMENTO?

¿Has sentido alguna vez que cuanta más atención prestas a tus heridas emocionales, más atención *continúas* prestándoles? Sin darte cuenta, la preocupación por experiencias negativas del pasado puede conectar los circuitos de basura emocional del cerebro. Imagina que haces rodar una roca ladera abajo, siempre por el mismo sitio, una y otra vez. Muy pronto habrás creado un surco que guiará a la roca hacia abajo exactamente por el mismo camino siempre.

Nuestro cerebro tiene la capacidad de crear vías, y de cambiarlas, en gran medida de la misma manera en que tiene lugar el proceso de neuroplasticidad. Cuando pensamos y nos comportamos de un determinado modo, el cerebro genera una vía. Con el tiempo las vías usadas con frecuencia se conectan entre sí, creando un camino o surco consolidado. La manera en la que percibimos nuestros pensamientos y respondemos a ellos puede cambiar la estructura física del cerebro, incluso las vías utilizadas habitualmente por la basura emocional.

El doctor Jeffrey Schwartz, autor de *Brain Lock*, ha sido pionero en el campo de la neuroplasticidad y de la reparación de surcos cerebrales negativos[4]. Ha desarrollado un método de *mindfulness* en cuatro pasos para pacientes con trastorno obsesivo compulsivo (TOC). En lugar de que los pacientes aborden sus repetitivos y preocupantes pensamientos como tales, Schwartz los guía hacia un *cambio mental de su relación* con esos pensamientos dañinos. En primer lugar, los pacientes se dan cuenta de los viejos pensamientos y después los reconsideran de distinta manera. Antes y después del estudio las pruebas cerebrales de los pacientes han puesto de manifiesto el modo en el que su pensamiento puede desactivar las conexiones cerebrales que conducen al TOC, al crear nuevas vías nerviosas que reemplazan a las defectuosas. Los pacientes aprenden a utilizar la habilidad de navegar por su Facebook interior para darse cuenta de sus pensamientos repetitivos y poder sacarlos del surco habitual.

Navegar por nuestro Facebook interior nos hace conscientes de cómo estamos utilizando nuestra atención y nos permite distanciarnos un poco y de manera constructiva de los pensamientos que nos afectan, de modo que podamos decidir cómo responder a ellos. Podemos desviar la atención de muchas maneras distintas, como reflexionar interiormente sobre ese pensamiento inicial, encontrar un pensamiento más realista o emprender una acción o una conducta que refleje nuestros valores más profundos.

Fred era un cliente de treinta y dos años que, según había comprobado, carecía de habilidades para navegar por su Facebook interior. Se encontraba hundido en la depresión. Pronto me di cuenta de que, cuando no estaba trabajando, Fred dedicaba todo su tiempo libre a construir una vida virtual *on-line* como mordaz bloguero político. El lado oscuro de esta actividad en internet era que Fred se identificaba tanto con sus ideas políticas que la indignación le consumía. Vivía ajeno al lado más amable de la vida, hasta tal punto que desarrolló lo que cariñosamente yo denominé TES, o trastorno de extrema seriedad. No es difícil adivinar que el TES estaba minando la relación de Fred con su nueva novia.

También me di cuenta de que Fred había crecido en el seno de una familia autoritaria, de adopción, que le decía que nunca llegaría muy lejos. La necesidad de Fred de comunicar e imponer opiniones inflexibles sobre otros no era algo muy distinto de lo que él había experimentado durante su infancia, con unos padres rígidos e intolerantes. Era muy probable que los surcos mentales de Fred fueran antiguos y profundos. Para abordar el TES y sus vías mentales y emocionales, pedí a Fred que probara un experimento en el que debía distanciarse de su actividad de bloguero en días alternos durante una semana. Los días en los que no blogueaba sustituyó esta actividad por otras que le agradaban, como practicar senderismo, caminar o leer. Los días que blogueaba, le di instrucciones para que navegara por su Facebook interior dándose cuenta de los *posts* emocionales que iba generando en su mente y sintiéndolos en su cuerpo. Por último, pedí a Fred que puntuara su estado de ánimo entre negativo y positivo en una escala del 1 al 10 cada día de la semana. Y también le pedí que practicara percibiendo y nombrando sus emociones, otra importante técnica de navegación por nuestro Facebook interior.

J. David Creswell publicó un estudio de investigación en *Psycosomatic Medicine* que demuestra que, al nombrar nuestras emociones cuando las experimentamos, es más fácil para nosotros desprendernos de esa emoción en particular y no reaccionar ante ella de forma automática [5]. Cuando cambiamos de enfoque y convertimos la emoción en *objeto de nuestra atención*, creamos una distancia saludable respecto de esa emoción. Nuestro bagaje emocional deja de llevarnos de aquí para allá. Ya no nos identificamos con esa poderosa emoción y recuperamos el control. El trabajo de Creswell muestra que, al dar nombre a las emociones, nos calmamos e inhibimos la amígdala (descrita más adelante), una parte clave del cerebro que interviene en el desencadenamiento de la agitación emocional y de la ancestral respuesta de estrés del organismo.

Un ejemplo personal de cómo funcionó en mi caso está técnica de dar nombre a las emociones tiene que ver con las «riñas de tráfico». Antes, si un conductor me cortaba el paso en una calle, a menudo experimentaba una rápida reacción emocional, seguida de unos cuantos improperios. Estas emociones negativas solían tardar bastante tiempo en disiparse. Pero en el momento en el que empecé a *dar nombre a mis emociones* —una mezcla de impaciencia, frustración y superioridad por ser «mejor» conductor— noté un cambio inmediato. Al dar un paso atrás y crear distancia, ya no experimentaba las emociones, sino que simplemente las observaba con curiosidad. Esta navegación por mi Facebook interior también me aportó una comprensión más profunda de mis viejos y habituales «surcos» y ello me ayudó a ser menos reactivo. Este es el modo en el que la navegación por el Facebook interior establece una nueva vía en el cerebro.

¿Cómo le fue a Fred la tarea de navegar por su Facebook interior? Le sorprendió descubrir que los días que no blogueaba era mucho más feliz y sentía mayor curiosidad y entusiasmo. La navegación por su Facebook interior le permitió darse cuenta de que su actividad en el blog aumentaba la tensión en su organismo y potenciaba sus emociones y pensamientos negativos.

Aun manteniendo su compromiso con sus ideas y sus causas, Fred adoptó una actitud más neutral y relajada en su actividad bloguera. Poco a poco fue dedicando tiempo a otras ocupaciones, como trabajar como voluntario instruyendo a niños sobre el medio ambiente. No hay nada malo en tener fuertes ideas políticas, en compartir tus opiniones o en escribir en blogs de política. Pero pregúntate a ti mismo lo siguiente: ¿el modo en el que expresas y experimentas estos puntos de vista mejoran tu vida o crean basura emocional? Es como practicar un deporte: ¿puedes disfrutar del juego al mismo tiempo que aceptas que perderás un poco de tiempo? ¿O te tomas las derrotas y los desacuerdos de manera personal, dejando que te arrebaten la emoción del juego? ¿Estos sentimientos siguen carcomiéndote mucho tiempo después de que haya terminado el partido (o de que hayas salido del blog)? Fred aprendió a hacer las cosas sin tomárselas de manera tan personal.

Además, gracias al Facebook interior, la salud física de Fred también mejoró. Los pensamientos ansiosos y recurrentes afectan de hecho a la función inmunológica del organismo. Hace años esta podría haberse considerado una idea de la Nueva Era. En nuestros días una sólida montaña de evidencias muestran que los pensamientos negativos nos afectan realmente en el nivel celular, provocando desde aumento en los valores orgánicos de cortisol (que daña el sistema inmunitario) hasta acortamiento de los telómeros (marcadores biológicos de envejecimiento).

NO ES EL ESTRÉS LO QUE TE PONE EN MARCHA

Sin duda habrás oído hablar de la respuesta del organismo al estrés. Saber cómo combatir el estrés es fundamental, ya que el estrés puede bloquear la parte del disco duro de tu cerebro, la corteza prefrontal, localizada en la parte anterior del cerebro y que es responsable del pensamiento racional. Los Navy SEAL, las fuerzas especiales del ejército de Estados Unidos, enseñan a los soldados diversos ejercicios para mantener su cerebro pensante en funcionamiento durante misiones peligrosas. Para entenderlo, es importante saber que cuando una persona se encuentra en una situación de peligro, una estructura profunda del cerebro conocida como *amígdala* envía señales de alerta, liberándose las hormonas adrenalina y cortisol para preparar el cuerpo para el peligro. Esta respuesta protege al individuo frente a una amenaza a su supervivencia, como ser atacado por un asaltante o por un animal peligroso. Como si se tratara de un detector de humo en tu casa, la amígdala está siempre lista para hacer saltar la alarma.

Se trata de un sistema de adaptación, diseñado para que te mantengas vivo. Pero ¿qué ocurre si la amenaza se encuentra fundamentalmente en tu mente, en forma, por ejemplo, de pensamiento de miedo o ansiedad? O ¿qué sucede si un compañero de trabajo o tu pareja pronuncia alguna crítica que hace que te pongas a la defensiva? ¡El detector de humos cerebral no advierte la diferencia! Sonará la alarma y, cuando esto sucede, no puedes quedarte sentado hablando o pensando tranquilamente en ello. Potentes hormonas secuestran tu racionalidad, así como la parte pensante de tu cerebro. Si esto continúa durante dos o más días, el cortisol de tu organismo pone freno a tu sistema inmunológico, inhibiendo los linfocitos T y los linfocitos citolíticos naturales (NK) que luchan contra las infecciones e incluso combaten algunos tipos de tumores. Diversos estudios han puesto de manifiesto que las personas que se acuestan por la noche con sensación de soledad o tristeza se despiertan por la mañana con una carga de cortisol más alta en el cuerpo. Es como si el organismo sintonizara con las experiencias vividas durante el día y se preparara para el estrés.

Si el cerebro está estructurado para responder de ciertas maneras después de años de condicionamiento emocional, es *la manera* en la que respondas *la próxima vez* al estrés y a la basura emocional lo que marcará la diferencia. La herramienta de Facebook interior aplicada a tu estilo de vida te ayudará a regular más fácilmente tus emociones, ya se trate de deshacerte de una carga emocional antigua o nueva. Gracias a esta habilidad entrarás en sintonía con lo que está sucediendo, te liberarás del estrés del momento y restaurarás la parte racional de tu cerebro.

HERRAMIENTA PARA LA VIDA
Navegar por tu Facebook interior

Navegar por el Facebook interior no es la única herramienta para abordar el estrés que te proponemos en el libro. Cuando pruebes las diferentes herramientas, descubrirás cuáles son las que mejor te funcionan a ti. De esta manera podrás desarrollar tu propio programa a medida para salir de las rodadas emocionales. Recuerda, además, que siempre puedes adaptar cualquiera de estas herramientas para que se adapte mejor a tu estilo de vida o te complemente para que aprendas. Esta herramienta cambia tu relación fundamental con la basura emocional. El ejercicio consta de dos partes.

Parte 1

En primer lugar, recuerda un episodio relacionado con tu carga emocional del pasado, que se ha mantenido pegada a ti durante años, como, por ejemplo, la manera en la que otros te han dañado, rechazado o reprimido. Normalmente, no querrías recordar ese viejo desorden emocional, pues podría resultar potenciado. Sin embargo, el propósito en este caso es aprender a desconectar de ese lastre. Al volver a experimentar esa vieja carga emocional, puedes comprenderla mejor e identificar las señales de cuando caíste en esa vieja rutina. Al hacer esto, incluso si te parece muy difícil, recuérdate a ti mismo que estás a salvo y que puedes parar en cualquier momento que lo desees.

Una vez que hayas «conectado» con tu carga emocional, reflexiona sobre las siguientes preguntas:

- Toma conciencia de tu cuerpo. ¿Cuál es tu expresión facial? ¿Estás de algún modo tenso? ¿Tienes el ceño fruncido o muestras tirantez?
- Toma conciencia de tu estado de ánimo. ¿Cómo describirías tu estado emocional mientras experimentas toda esa basura?
- Si es posible, nombra las emociones que sientes. Esto es importante porque el proceso de nombrar crea distancia y te suelta de las garras de las emociones. ¿Reconoces tristeza, ira, culpabilidad, arrepentimiento, decepción, frustración u otra emoción? No nombres solo una emoción, pues a menudo varias emociones surgen mezcladas entre sí. Nombra tantas como puedas para describir con precisión tus sentimientos.
- Toma conciencia de tu nivel de energía. ¿Te sientes lleno de energía y motivación o te sientes pesado, agobiado o inmovilizado?

- Por último, hazte estas preguntas: ¿en qué medida me encuentro atrapado por esta basura emocional? ¿Con qué frecuencia pienso en ello a lo largo del día? ¿En qué modo afecta a la manera en la que me relaciono con los demás? ¿Qué fracción de energía pierdo o se debilita?

Parte 2

A continuación utiliza las dos visualizaciones siguientes para desviar tu atención de esa vieja carga emocional recordada. Piensa en ellas como tus «visualizaciones libres de basura emocional».

Para la primera visualización realiza una buena inspiración profunda y espira despacio. Esta forma de respiración se conoce como *respiración abdominal* y consiste en llevar aire a la parte más profunda de los pulmones, presionando así la cavidad abdominal, lo cual hace que el vientre se mueva hacia fuera. Tras una inspiración lo más larga posible, llenando los pulmones y el abdomen, expulsa el aire muy despacio.

Al expulsar el aire, imagina que tu respiración aspira toda la vieja basura emocional, la tensión y la opresión desde tus pies y la expulsa de tu cuerpo. Realiza tantas respiraciones liberadoras como desees, deshaciéndote cada vez de todo residuo de sentimientos negativos y devolviéndolos a la tierra desde las plantas de los pies, para su reciclaje. Suelen ser suficientes entre tres y cinco respiraciones.

Para la segunda visualización libre de basura emocional, imagina un momento de tu vida en el que te sentiste más ligero y alegre, tal vez en tu lugar favorito o con una persona especial. Recuerda tu experiencia con detalle, siendo consciente de todo lo que te gusta de ese lugar en particular o de esa persona concreta. Saborea tu recuerdo favorito ahora mismo, percibiendo todos los sonidos, las visiones y las sensaciones. Deja que todas las sensaciones maravillosas y la alegría de la experiencia calen en todas las células de tu cuerpo. Permítete disfrutar de esta sensación durante cinco minutos.

A continuación, responde las siguientes preguntas:

- ¿Cómo han hecho que te sientas las visualizaciones? ¿Cómo se siente ahora tu cuerpo? ¿Cómo están tu estado de ánimo y tus niveles de energía? ¿Cuál es tu expresión facial?
- Si pudieras ahora mismo deshacer los nudos de viejas deudas emocionales, liberándola todas, ¿como te sentirías sin todo ese peso?
- ¿Cómo sería tu vida sin todas esas heridas emocionales que te quitan tiempo y energía?

El solo hecho de probar esta herramienta para la vida y de considerar estas preguntas requiere valor y te pone de lleno en el camino de deshacerte de tu basura emocional. Además, estás utilizando uno de los ejercicios de toma de conciencia de este libro —desviar la atención del momento presente— para eliminar parte de tu vieja basura emocional, de manera que el sistema de navegar por tu Facebook interior pueda ayudarte de un modo más positivo y productivo.

Capítulo 3

CULTIVA UN HERMOSO JARDÍN DEL PENSAMIENTO

> Las flores de experiencias positivas desplazan y reemplazan gradualmente a las malas hierbas de pensamientos, sentimientos y deseos negativos.
>
> RICK HANSON, *Hardwiring Happiness* [1]

PARA crear un bonito jardín, el jardinero no deja la tierra desatendida. Los jardineros expertos saben que las malas hierbas se abren camino en cualquier lugar, de modo que siempre están en su punto de mira. Del mismo modo la creación de un hermoso jardín en la mente no tiene lugar sin esfuerzo y habilidad. Requiere la atención constante de tus pensamientos y la eliminación de toda esa maleza negativa, al mismo tiempo que riegas y nutres las semillas de pensamiento que deseas que crezcan y florezcan. El maestro budista Lama Surya Das, un auténtico *sabelotodo* (a quien yo llamo Lama de la Risa), decía al respecto con gran sentido del humor: «practica estar allí mientras llegas allí» [2].

Qué cierto es. En los primeros dos capítulos hemos explorado métodos para bajar del ascensor emocional, dándonos cuenta de la naturaleza de la mente y de lo fácil que es que algo se aferre a ella. También hemos dado tregua a una mente agotada, deteniendo el ajetreo del pensamiento y creando espacio alrededor de la vieja basura emocional mediante la navegación por nuestro Facebook interior. Ahora comencemos a trabajar en el cultivo de ese jardín del pensamiento que solo tú puedes crear.

NUTRIENTES PARA PLANTAR UN JARDÍN DEL PENSAMIENTO

Cuando me mudé a Portland —localidad conocida también como Rose City—, pensé que estaría bien plantar rosas en el patio trasero de la casa. Inocente de mí creí que podía plantarlas y que florecerían sin más. Al parecer no tuve en cuenta a ardillas, ciervos, conejos y a todas esas otras criaturas que no podían esperar a mordisquear los tiernos brotes y las hojas de una rosa. Aprendí a tener paciencia, pues literalmente me llevó años cultivar y mantener aquellas rosas. Descubrí además que, dado que el suelo de mi jardín era muy rico en arcilla —que actúa como basura bloqueando el crecimiento—, tenía que añadir tierra fresca, con los nutrientes adecuados.

¿Es posible que tu mente esté cargada de basura y que carezca de los nutrientes adecuados para permitir el crecimiento de un florido jardín? Reflexiona un momento sobre las siguientes preguntas:

- ¿Cuánto tiempo dedicas del día a pensar en cómo otros te han herido o reprimido?
- ¿Te culpas constantemente a ti mismo por una relación rota o piensas en el daño (con o sin intención) que has hecho a otros?
- ¿En qué medida te encuentras atrapado por esta carga emocional?
- ¿Cuánta energía pierdes o se debilita por ello?

Se necesita ser valiente para responder con honestidad a estas preguntas. Responderlas significa que estás dispuesto a tomar una nueva dirección, lo cual forma parte de la preparación de tu mente para nuevas semillas de pensamiento.

Significa admitir que las cosas no siempre son blancas o negras. Significa que estás lo suficientemente abierto como para, no solo afrontar la situación, sino para indagar en profundidad en tus actos, pensamientos e intenciones. Al hacer esto has dado un importante primer paso, que es simplemente el reconocimiento del efecto que las viejas heridas emocionales han tenido en tu vida y el deseo que tienes de cambio.

A continuación, con objeto de preparar tu mente con la tierra y los nutrientes adecuados para el crecimiento, hazte las siguientes preguntas:

- ¿Qué ocurriría si pudieras deshacerte de todas estas heridas psicológicas y emocionales y concederte realmente un descanso?
- ¿Qué pasaría si pudieras deshacer los nudos de esas viejas deudas emocionales? ¿En que sería diferente tu vida en este momento?
- ¿Estás preparado para plantar un nuevo jardín del pensamiento y abandonar el viejo?

No siempre estamos preparados para plantar un jardín nuevo. ¿Por qué habría alguien de decidir quedarse con una herida emocional en lugar de tratar de limpiarla? Para algunas personas, aunque parezca mentira, el sufrimiento representa su razón de ser. La historia de dolor emocional puede convertirse en parte de la identidad de una persona. Por ejemplo, en una ocasión trabajé en una clínica de trastornos de la alimentación y varias personas contaban que su trastorno había llegado a fundirse con la percepción que tenían de sí mismas. Más de un paciente me dijo algo así como: «¿Quién sería yo sin mi trastorno alimentario?» De modo que podríamos también preguntarnos: «¿Quién sería yo sin mis recurrentes y angustiosos pensamientos victimistas?».

Puede haber otras razones que nos llevan a mantener nuestras heridas emocionales. Nadie —ni siquiera yo mismo— es inmune a la ira y a la indignación justificada, que pueden provenir de ser testigo o sujeto de un abuso o de un trato injusto. La rectitud nos proporciona la sensación de estar en el lado bueno, incluso moral, de las cosas, lo cual disipa nuestra dudas con una sensación de certeza y claridad absoluta. La ira proporciona en ocasiones sensación de poder y control donde antes puede que no hubiera nada. Estas emociones no son «malas» en sí mismas y no debemos ser insensibles a las injusticias, pero nuestro apego a estos sentimientos puede convertirse en malas hierbas emocionales que todo lo invaden y que asfixian nuestra hierba y nuestras bonitas flores. En un marco más grande, en una visión más amplia, necesitamos considerar si la indignación justificada crea más o menos sufrimiento. En otras palabras ¿sirve de algo nuestra justificación? ¿O es de alguna manera interesada y se halla impulsada por el ego?

Preparar nuestro jardín mental para plantar en él tiene mucho que ver con nuestros apegos, con la fuerza con la que estamos unidos a nuestro sufrimiento emocional, a conductas nocivas y a deseos egoístas que nos tienen atrapados. Aprender a dejar marchar aquello que no sirve a nadie, ni a nosotros ni a otros, es una manera de soltar el bagaje con el que cargamos. Y ese es también un propósito del perdón ¿no es así?

Enhorabuena por emprender el duro trabajo de labrar la tierra y de prepararla para el cultivo. No tienes que tener todas las respuestas. Al formularte preguntas tan difíciles y mirar en tu interior, has empezado a trabajar. Ahora, planta algunas semillas contando una historia.

DISEÑA TU JARDÍN
CON HISTORIAS DE CUALIDADES

La mayor parte de los jardines mentales —tanto si están plagados de feas y molestas malas hierbas como de bonitas y edificantes flores— se encuentran integrados por historias que describen nuestra vida y nuestras experiencias. Piensa ahora en un vivo recuerdo, positivo o negativo. ¿Cómo lo describirías? Tal vez quieras contar una historia. ¿Por qué es así? Porque nuestro cerebro está programado para el lenguaje y la narrativa. Muchos de nuestros relatos no siempre son precisos, pues aprendemos de nuestra familia y de nuestra cultura estilos de narrar historias y maneras de interpretar los acontecimientos.

No te culpo si eres escéptico con respecto al poder de los relatos. Parece lícito preguntarse si las historias realmente tienen esta clase de poder sobre nuestras vidas. ¿Es posible que historias equivocadas nos conduzcan a una vida de estrés, fracaso, malas relaciones e infelicidad?

Mi experiencia de trabajo con Gary, exdrogadicto y recluso, es un ejemplo del modo en el que nuestras historias pueden ayudarnos a reimaginar nuestra vida. Escuchar el relato de la infancia de Gary realmente no me sorprendió. Estaba plagada de malos tratos, caos y miedo. Sus padres eran drogadictos y emocionalmente inestables, y no se podía confiar en ellos. Como resultado, Gary no tenía fe en las relaciones personales, y nadie podía culparle por ello.

Gary había acudido a mí porque estaba fracasando de la peor de las maneras en el curso de formación profesional en el que se había inscrito, un programa para ayudarle a hacer realidad su sueño de tener un trabajo estable. Gary había salido recientemente de prisión e ir a clases para él era una importante orientación positiva en su vida. Pero todo se estaba yendo al garete porque su caótica vida y sus relaciones estaban comenzando a ir por el mismo camino que en su infancia. Vivía con su novia en una casa propiedad del padre de esta. Mucha gente iba «de fiesta» a la casa del padre de su novia y a Gary le costaba decir «no» y no participar. Cuando no podía realizar las tareas del curso, se sentía desesperado y abocado a repetir el mismo patrón que había seguido tantas veces en su vida.

Podría haber trabajado directamente con los estados de ánimo de Gary, sus sentimientos de desesperación y depresión, pero me di cuenta de que su problema tenía que ver con las relaciones. El hecho de crecer en un entorno familiar impredecible e incapaz de proporcionarle apoyo emocional había predispuesto al joven a la desorganización y al caos, en lugar de inculcarle disciplina y límites sanos. Gary necesitaba una nueva historia sobre cómo encontrar apoyo y orden a través de una relación. Y entonces llegué yo con una tarea para él: tenía que encontrar en el centro al que acudía a estudiar a alguien que quisiera ayudarle a elaborar un horario de estudio. En un primer momento Gary dudó, porque en la escuela se encontraba un poco fuera de lugar y le preocupaba que le criticaran por no saber elaborar un horario de estudio. Pero Gary estaba orgulloso de desenvolverse bien en la calle, de modo que le pedí que recurriera a sus habilidades callejeras para encontrar ayuda, bien en orientación al estudiante bien en cualquier otro lugar.

En la sesión siguiente lo primero que hizo Gary fue abrir una carpeta y enseñarme un horario semanal en el que aparecían sus clases y sus horas de estudio. «Fui al centro de recreo de estudiantes», me contó exultante. «Pregunté si alguien sabía cómo crear un horario de estudio. Uno se ofreció voluntario y esto es lo que hicimos». Esta fue la base para el paso siguiente: aprender a establecer límites y reducir al mínimo el caos en el que vivía. Después, pedí a Gary que plasmara en palabras la historia de cómo había establecido una relación positiva y aceptado de buena gana la ayuda de otros. Gary encontró un montón de nuevas cualidades en esta historia: honestidad con los demás, franqueza, motivación, esfuerzo, eficacia, organización, confianza y capacidad para encontrar recursos, por nombrar algunas. Comenzó por reconocer y apreciar sus cualidades normales y cotidianas en la vida. Personalmente, me sentí honrado de trabajar con Gary. Había aprendido a aplicar sus cualidades para dar forma a un relato vital nuevo y positivo.

Como bien ilustra la historia de Gary, las cualidades plantan nuevas semillas en nuestro jardín mental, al mismo tiempo que arrancan de raíz viejas historias limitadoras. Yo añadiría que reconocer tus cualidades no es lo mismo que fanfarronear. La razón de identificar tus cualidades no es la de dar un hipócrita impulso a tu propio ego para que puedas sentirte superior o compararte ventajosamente con otros. Eso podría servir simplemente como manera temporal y poco satisfactoria de tomar un ascensor de subida. En lugar de ello adquieres conciencia de tus cualidades para obtener una representación y una comprensión más precisas de las cosas que *realmente* haces durante tu día. Curiosamente, muchas personas subestiman sus cualidades reales, bien ignorándolas, bien simplemente diciendo: «Bueno, es solo mi rutina. Lo hago todos los días, no es realmente una cualidad».

Los puntos fuertes de nuestra personalidad ocupan un segundo plano en nuestra cultura, a menudo agitada, autocrítica y orientada al logro, cuando son comparables a la tierra rica en nutrientes que se necesita para el crecimiento de plantas sanas. Tus fortalezas no se miden en función de las tareas hercúleas que llevas a cabo. Son las pequeñas herramientas diarias que utilizas para navegar con valentía y perseverancia por cada día corriente. Son el testimonio de las habilidades que te ayudan a avanzar a través de la basura emocional para conseguir eficacia, confianza y productividad. He aquí algunos ejemplos:

- Invitar a un amigo a un café (cualidad de hospitalidad).
- Sacar a pasear al perro (cualidad de atención).
- Recordar dónde está aparcado el coche en el centro comercial (cualidad de memoria).
- Hacer la cama por la mañana (cualidad de orden y limpieza).
- Hacer la lista de la compra (cualidad de planificación).
- Saber cómo pedir ayuda (cualidad de búsqueda de recursos).
- Ir a trabajar (cualidad de disciplina).
- Terminar una tarea en casa o un proyecto de trabajo (cualidades de atención y concentración).
- Decir a alguien que lo aprecias (cualidad de amor y gratitud).

La herramienta para la vida que te propongo a continuación te ayudará a descubrir cómo transformar cualquier historia en una historia de puntos fuertes personales. Y te permitirá identificar asimismo los puntos fuertes de los demás, un maravilloso ejercicio de construcción de relaciones.

HERRAMIENTA PARA LA VIDA
Cultiva con historias tu jardín de cualidades

Los relatos pueden prepararnos para sentirnos seguros o aterrorizados, confiados o a la defensiva, abiertos o cerrados a todo. Las historias que arrojan luz sobre nuestros puntos fuertes y los de los demás nos ayudan a tener una mayor sensación de confianza, autoestima y eficacia. Y lo que es más, esta herramienta para la vida nos proporciona un nuevo cristal a través del cual comprender y apreciar las cualidades de los demás. Se trata de la poderosa habilidad para deshacerte de viejas historias llenas de basura emocional y reemplazarlas por relatos precisos que reflejen tus habilidades en el mundo real.

Para empezar a cultivar tu jardín de cualidades, piensa en una cita reciente. No importa para qué fuera la cita, vale cualquiera: un encuentro con un amigo para tomar un café, una reunión de trabajo, ir a trabajar por la mañana o acudir a votar para unas elecciones. En mi trabajo con clientes les pido que compartan conmigo la historia de cómo han llegado a la sesión de terapia; cuando trabajo con profesionales, les pido que compartan la historia de cómo han llegado al curso.

Parte 1

Puedes pensar que acudir a una cita es la cosa más mundana y corriente que existe, incluso aburrida. Pero si cuentas la historia del modo que te propongo a continuación, descubrirás que dice mucho acerca de tus cualidades.

Escribe, tal vez en un diario, la historia de cómo acudes a tu cita e incluye los siguientes seis elementos en tu descripción:

1. ¿Cuál es tu *historia personal* en relación con esta cita?

    Por ejemplo, puede que tengas una historia relacionada con algo que encontraste desagradable —es decir, vieja basura emocional— como levantarte temprano por la mañana para la cita, tener que salir a la autovía, encontrar mucho tráfico, aparcar, el tiempo o preocupación por la persona con la que ibas a encontrarte. ¿Cómo te las arreglaste para llegar a tu cita a pesar de todo? ¿Te preparaste antes o pensaste con antelación en la cuestión del aparcamiento? ¿Qué estrategias utilizaste?

2. ¿Qué *agentes estresantes* notaste al acudir a la cita?

Por ejemplo, ¿dormiste lo suficiente la noche anterior a tu cita? Si este es un factor estresante, ¿te esforzaste por dormir? ¿Comiste lo suficiente? ¿Cuidaste tu higiene personal antes de la cita? ¿Elegiste ropa de acuerdo con el tiempo o solo para que te levantara el ánimo?

3. ¿Qué *pensamientos* y *estados de ánimo* experimentaste antes de la cita?

No siempre nos mantenemos en la misma corriente de estados de ánimo y de pensamientos, de modo que «¿cómo te enfrentaste a los sentimientos o a las actitudes negativas?

4. ¿Cómo se sintió tu *cuerpo* el día de la cita?

¿Te dolió alguna parte del cuerpo? ¿Cómo abordaste este asunto y cómo acudiste a la cita a pesar de todo?

5. ¿Qué *responsabilidades* y *obligaciones* tuviste que cumplir para acudir a la cita?

¿Tuviste que atender o cuidar a alguien en tu casa que necesitara tu ayuda antes de acudir a la cita? ¿Tuviste que despertarte pronto para sacar al perro o prestar los debidos cuidados a otra mascota?

6. ¿Qué métodos para *centrarte* o encontrar *calma* y *dicha* utilizaste para afrontar la cita?

¿Escuchaste música que te ayudó a serenarte y centrarte mientras acudías a la cita? ¿Te levantaste temprano para tener un poco de tiempo «tranquilo» y para poder hacer ejercicio o dedicarlo a tu cuidado personal? ¿Realizaste algún tipo de rito de concentración, como tomarte una taza de café o de té, que te ayudara en el día de tu cita?

Parte 2

Vuelve ahora sobre lo que has escrito e identifica las diferentes cualidades que mostraste durante el día y que te ayudaron a acudir a tu cita.

Este no es momento de humildad. Estás valorando tus puntos fuertes, de modo que fíjate en cuántas cualidades distintas te identificas. Cuantas más, mejor. Tras elaborar una lista de todas tus cualidades, hazte estas preguntas:

- ¿Cómo me siento después de tomar nota de mis cualidades?
- ¿Cuántas veces las he subestimado en el pasado?
- ¿Cuál ha sido la cualidad más sorprendente de la que me he dado cuenta?
- Si alguien, al margen de mí mismo, mostrara estas cualidades ¿qué pensaría de él o ella?
- ¿Qué nueva historia cuenta esto sobre mí?
- ¿Cómo puedo empezar a darme cuenta de mis cualidades de forma cotidiana?

Parte 3

Como habilidad diaria relacionada con tu forma de vida, plantéate a ti mismo lo que a mí me gusta llamar «El desafío de las cualidades». A medida que vaya transcurriendo el día, toma nota de tus cualidades. Escríbelas en una hoja de papel o toma nota de ellas en el móvil. Observa cuántas cualidades diferentes puedes nombrar, anótalas y después revísalas y aprécialas al final de la semana.

Por otro lado, observa si puedes darte cuenta de una cualidad que tenga cada una de las personas con las que te veas hoy, y no la guardes para ti. Compártela en tu conversación con otros. Date cuenta de cómo hace que se sientan los demás y cómo hace que te sientas tú. Elogiando así a los demás, estás estableciendo relaciones y demostrando al mismo tiempo las cualidades de *escuchar con atención a los demás* y de *generosidad de espíritu.*

Capítulo 4

LA PAZ DE LA ACEPTACIÓN

Podemos alquilar a nuestras quejas el dormitorio principal y construirles un jacuzzi en el jardín. Podemos presentarles un buen contrato de arrendamiento con términos estupendos que nunca vencerán, o les podemos conceder un alquiler por un solo día.

FRED LUSKIN, *Forgive for Good* [1]

¿PUEDES imaginar a un personaje de dibujos animados, por ejemplo Bugs Bunny, en una sesión de psicoterapia? Imagino que la conversación podría ser más o menos esta:

«Bien, entonces dígame...», dice Bugs Bunny. «¿Qué me pasa doctor?

«Bueno, amigo de largas orejas, finalmente he encontrado lo que le atormenta».

«¿Sí?«, dice Bugs Bunny mordisqueando una zanahoria. «¿Y qué es, doctor?».

«Vive usted en un mundo de absoluta fantasía».

«¡Eh, doctor, eso es estupendo! ¡Y, por cierto, no se moleste en enviarme la factura, porque esto nunca ha ocurrido!».

La no aceptación es algo así como vivir en un mundo ilusorio, de fantasía, del «y si». Gran parte de la basura emocional que ocasiona lo conflictos, el malestar y descontento que experimentamos en la vida procede de nuestra escasa disposición a aceptar las cosas tal y como son. Ignoramos, eliminamos o rechazamos esa parte de nuestra experiencia que no nos gusta. Sin embargo, también podemos optar por vivir «lo que hay». Podemos dejar de luchar y de resistirnos a lo que hay ante nosotros. Estar presente en «lo que hay» ofrece una visión fugaz de la totalidad de nuestra experiencia humana, por muy enmarañada que esté, y nos permite estar en contacto directo con el momento. Ello requiere la puesta en marcha de tres de las habilidades clave de *mindfulness* utilizadas para limpiar la basura emocional, concretamente aceptación en sintonía, reflexión y comprensión del sufrimiento. Juntas, estas habilidades cambiarán tu relación con la carga emocional no deseada.

En esencia, el ejercicio de aceptación se basa en el conocimiento y en la observación de uno mismo. A través de la aceptación, vemos la verdad sobre nuestra basura mental y los apegos a lo que nosotros consideramos bueno o malo, hermoso o feo, lo que merece la pena y lo que no. A través de la aceptación, bajamos las ventanillas del coche para oler el aire, para acercarnos a lo que está sucediendo, en lugar de encerrarnos en nosotros mismos, como en un capullo. No ignoramos lo que encontramos deplorable, triste e injusto, pero suavizamos nuestra reactividad y nuestra manera de ver las cosas, incluso las indeseadas.

En *Think on These Things (El propósito de la educación)*, Krishnamurti, maestro y autor de reconocido prestigio mundial, decía:

> Es el descubrimiento de verte de repente a ti mismo como realmente eres: avaricioso, bravucón, airado, envidioso, estúpido. Ver el hecho sin tratar de alterarlo, solo ver exactamente lo que eres es una asombrosa revelación. Desde ahí puedes profundizar más y más, hasta el infinito, porque el conocimiento de uno mismo no tiene fin [2].

Abrir la ventana de la aceptación a veces da miedo. Sin embargo, es una herramienta de indagación que puede transformar profundamente tu vida y despejarla de vieja basura emocional.

✦ ✦ ✦

Era un día muy ajetreado en la clínica, pero estaba consiguiendo ver a los clientes a su hora. Al responder a una llamada entre sesiones, supe que se había cancelado la siguiente cita de la mañana. Dado que no me estaba sintiendo tan presente con los pacientes como me hubiese gustado, decidí que un paseo de meditación me ayudaría a recuperar la concentración. De modo que salí y caminé cuatro manzanas hacia el río Willamette. Era un día claro y con viento. El agua, de un tono azul oscuro, corría con fuerza mientras caminaba por un verde campo. Pero hacía más frío del que había pensado, y no llevaba chaqueta. Al estrellarse el aire helado contra mi cara, mi mente reactiva saltó rápidamente diciendo: «Hace verdadero frío aquí fuera. No es muy agradable».

Al continuar con mi paseo, se produjo otra interrupción de mi «perfecto paseo de meditación». Cerca del campo de hierba había un parque infantil donde un puñado de niños estaban jugando y divirtiéndose. Sin embargo, mi mente interpretó su griterío como un fastidio, y pensé: «Esos niños son realmente ruidosos. Me gustaría que se callaran. Están echando a perder mi momento perfecto de meditación».

En aquel momento la voz interior de no aceptación tuvo su ocasión de oro. Saltó y susurró una orden muy sutil: «Vuelve a la consulta. Estarás más caliente y tranquilo. Meditarás mejor». A menudo me refiero a estos pensamientos rápidos y automáticos como «susurros de la mente», que pueden hacernos actuar como robots si no tenemos cuidado.

En aquel momento, precisamente igual que un robot que sigue una orden, empecé a volver colina arriba hacia la consulta. Hasta que fui plenamente consciente del susurro de la mente y me di cuenta, de repente, de que estaba rechazando mi experiencia. Pensé con humor:

«Oh, ¿es que este momento no es lo suficientemente bueno? ¿No está siendo la realidad como me gustaría que fuese y entonces tengo que rechazarla por algo mejor? Me eché a reír y me quedé en el campo de hierba.

Seguí entonces con mi paseo de meditación, pero con una diferencia importante: acepté toda mi experiencia y dejé marchar la necesidad de control. En lugar de rechazar el aire frío, dejé que entrara; lo sentí y me hice presente con él. En lugar de huir de los gritos de los niños, dejé que me llegaran también, suavizándolos como si fueran gotas de lluvia. Estando presente y aceptando lo que tenía ante mí, pude finalmente disfrutar de un maravilloso paseo de meditación, centrado y enriquecedor.

He observado que cuanto más consciente soy de mis pensamientos, más me llaman la atención esos taimados susurros de la mente que tratan de controlar mis actos y de arrebatarme cada momento precioso. Piensa por un momento en una experiencia que hayas rechazado. Tal vez te reuniste con uno amigo para comer y te descubriste a ti mismo mirando su primer plato en la mesa, pensando: «Desearía haber pedido su entrante en lugar del mío». Es esta una metáfora adecuada para ilustrar lo fácil que es rechazar el plato que la vida nos pone delante.

¿Qué es lo que desearías que no formara parte de tu vida? ¿Qué es aquello a lo que das la espalda o que rechazas, porque no encaja en la manera en la que tú prefieres que sean las cosa? ¿Tienes una lista de quejas y reclamaciones dirigidas a ti mismo y a los demás? ¿Hay un chorro de defectos e incompetencias que resuenan en tu cabeza cuando te miras en el espejo o te sientas a ver las noticias por la noche? Lo creas o no, los pensamientos reactivos, abusivos y de autoculpabilidad pueden estar haciéndote daño a ti y a muchos más de los que tú piensas.

Se han llevado a cabo multitud de estudios sobre el daño que causan el maltrato físico y los abusos sexuales, mientras que los peligros del maltrato verbal no se empezaron a estudiar hasta hace muy poco tiempo. Un estudio publicado en el *American Journal of Psychiatry* consideró a más de ochocientos adultos jóvenes, sin antecedentes de maltrato físico ni abusos sexuales [3]. Los sujetos que habían sufrido maltrato verbal por parte de sus compañeros de instituto presentaban un importante aumento de síntomas de depresión, ansiedad, disociación, hostilidad, ira e incluso consumo de drogas. Los investigadores encontraron asimismo anomalías en el cuerpo calloso, la estructura que une los hemisferios cerebrales derecho e izquierdo y que nos ayuda a interpretar y procesar nuestros sentimientos y emociones. Además, el estudio comparó los efectos dañinos del maltrato verbal de los compañeros de colegio con los resultados de estudios sobre el maltrato verbal de los padres y encontró que eran básicamente equivalentes. Si las palabras desagradables de otros tienen un efecto tan poderoso, ¿por qué habría que suponer que el mundo interior de pensamientos autodirigidos es menos poderoso?

EL BÁLSAMO CURATIVO
DE LA AUTOACEPTACIÓN

Por muy difícil que pueda parecer aceptar las condiciones externas de nuestra vida, deshacernos de nuestro parloteo interior de rechazo requiere un auténtico poder desincrustante. Ello nos lleva a otra pregunta que debemos hacernos: ¿de dónde proviene la voz que nos compara con otros, a menudo de forma injusta? Es posible que creas que estos pensamientos son tuyos, pero puede que no sea así.

Cuando Jorge, un hombre de cincuenta y pocos años, vino a verme, lo último que esperaba descubrir era el origen de sus pensamientos de autocrítica. Jorge estaba pasando por una depresión como consecuencia de la quiebra de su pequeña empresa. Enseguida compartió conmigo toda una letanía de razones por las que no iba a encontrar otro trabajo. «No sé cómo enfrentarme a una entrevista de trabajo» me contaba convencido. «En comparación con la gente joven con la que compito para los empleos, soy un auténtico analfabeto de los ordenadores. Cualquiera que sepa que mi empresa quebró, pensará que soy un perdedor. Y la verdad es que no soy muy buen hombre de negocios o de lo contrario conservaría mi empresa. Y todo ello sin olvidarnos de la economía», dijo, subiendo la voz como para acabar con un signo de exclamación. «Apesta».

Jorge se sorprendió cuando le conté lo impresionado que me había dejado su lista de razones por las que pensaba que no iba a encontrar trabajo. Y le pregunté si quería crear su propia lista de razones «top ten» por las que no podía seguir adelante. A decir verdad, a Jorge le asustó un poco la idea de la lista. En nuestra siguiente sesión, le pregunté por ella. Sacó del bolsillo una hoja de papel amarillo y la desdobló. La miró detenidamente y levantó la vista hacia mí, sacudiendo la cabeza. «¿Sabes?, no puedo creer lo que ha sucedido cuando he mirado la lista», me dijo.

«¿A qué te refieres? ¿Qué ha pasado?», le pregunté.

«Bueno, ¡me he dado cuenta de que así es exactamente como piensa mi madre!» «Ayúdame a entenderlo!», le contesté.

«Es la negatividad, el pensar que no soy lo suficientemente bueno, que las cartas se vuelven contra mí y que realmente nunca podré alcanzar el éxito en la vida. Ella está todo el rato diciéndome exactamente estas cosas. Cuando he mirado mi lista, no podía creerlo. Una cosa es segura: ¡no quiero volver a pensar nunca más de esta manera!».

Al distanciarse un poco de sus pensamientos y escribirlos, Jorge pudo verlos de una forma absolutamente nueva. Reflexionando, se dio cuenta de que había aprendido de su familia un modo de pensar y de que había adoptado su visión del mundo. La experiencia de Jorge también arrojó luz sobre el poder de persuasión de los pensamientos: *si te dices algo a ti mismo durante el tiempo suficiente, puedes acabar creyéndotelo, aunque no esté basado en la verdad.*

¿Qué significa tener autoaceptación? No es aceptar la debilidad, permitir lo que consideramos inaceptable o bajar nuestros estándares personales. ¡Eso es exactamente lo que diría nuestra voz crítica interior! Aceptación no significa renunciar y no tratar de mejorarte a ti mismo. Significa ser honesto con tu punto de partida a medida que adquieres nuevas habilidades para cambiar tu vida (y a ti mismo) a mejor, de acuerdo con tus estándares o con lo que intentas alcanzar. La voz crítica interior inhibe la capacidad de crecimiento y de cambio porque no registra con precisión lo que es fáctico o verdad.

La autoaceptación cambia las reglas del juego, poniendo fin a la lucha constante del ego en lo referente a lo que hay de bueno y de malo en nosotros, lo que es bello y feo y lo que está bien dejar así y lo que no. La aceptación no pretende definirnos por un comportamiento en particular. Con la autoaceptación, invitamos a todo nuestro ser, tanto a las partes desagradables como a las deseables. Adoptamos una postura más amable y diplomática frente a nosotros mismos, nuestros objetivos, nuestras limitaciones, nuestras vulnerabilidades y así sucesivamente.

La autoaceptación aporta luz cuando nos encontramos demasiado constreñidos, tensos y obstinados. Nos ayuda a trascender nuestros problemas preguntando «¿Dónde se hizo por primera vez este nudo?». Y lo que es más importante, nos guía suavemente para distanciarnos del problema a medida que lo aceptamos, dejándolo estar y dejándolo marchar. La autoaceptación cultiva la conciencia de uno mismo, la visión interior y la comprensión. No nos condena porque hayamos adoptado cierta forma de pensar de nuestros padres o porque no seamos tan buen cantante, bailarina, directora, ingeniero o esposa como otros. La lección más profunda de la autoaceptación es que todo es una mezcla, incluso nosotros. ¿Alguna vez has conocido a alguien que fuera totalmente bueno o totalmente malo? Querríamos hacer santos a nuestros héroes, como si la madre Teresa de Calcuta, Buda y Martin Luther King no hubieran tenido defectos. Pero si nos situamos a la luz, todos proyectamos una sombra. La aceptación nos ayuda a auto-culparnos menos y a ser más condescendientes con nuestros pensamientos y actos, incluso con los menos inteligentes. Y si despertamos a nuestra propia ignorancia, a nuestra fragilidad y a las razones del sufrimiento, ¿cómo podemos no comprender también y aceptar las limitaciones de otros? No consentir, pero sí aceptar.

ESTAR EN LA REALIDAD CON AUTÉNTICA ACEPTACIÓN

Un concepto que tiene sus raíces en el antiguo budismo es el de los «ocho vientos del mundo» que soplan en nuestra vida. Por mucho que lo intentemos, no podemos evitar estos vientos, que consisten en elogio y reproche, fama y descrédito, ganancia y pérdida y placer y dolor. Tratar de experimentar o de aferrarse solo a los atributos positivos de elogio, fama, ganancia y placer resulta infructuoso. De igual modo, tratar de evitar el malestar que producen el reproche, el descrédito, la pérdida y el dolor es una pérdida de tiempo y energía. La vida ofrece el menú completo, de modo que probemos tanto postres dulces como platos amargos. Como bien saben los casinos en Las Vegas, las tornas pueden cambiar.

Como ponente que habla en público y ofrece cursos a profesionales, he experimentado los peligros de esos vientos del mundo. Cuando una charla se desarrolla con desenvoltura y es bien recibida por la audiencia, a menudo una voz de elogio me dice: «Eres un magnífico orador. Les has gustado. Es solo cuestión de tiempo que Oprah Winfrey te llame». Si una charla se desarrolla de forma inconexa y el público no responde, puede que una voz de reproche me advierta: «Has estado realmente aburrido, hoy. Han estado a punto de dormirse y no les has gustado. Tu carrera como orador ha llegado a su fin».

Aferrarse a cualquier resultado trae problemas. Estas experiencias me han ayudado a practicar la auténtica aceptación, que consiste en mantenerse en la verdad de lo que sucede en cada momento, sin tratar de deshacerse de ella ni de aferrarse a ella. Eso significa aceptar que el público manifestará distintas respuestas, unas positivas y otras no tanto. Supone también aceptar que mis aptitudes como orador se encuentran en evolución y que, lo haya hecho bien o no, siempre estoy intentando mejorar. En una determinada charla es posible que no quede contento por no haber respondido más rápido o mejor a preguntas del público, pero puedo aceptarlo. Esa es la realidad. Eso es ser humano. Al ser más real, hago lo posible para no dejarme llevar por la basura emocional del ego, que impide experimentar todo lo que ofrece la vida. Este es el lugar en el que radica nuestra sabiduría, así como la base para estar en paz con las cosas tal y como son, aunque podamos trabajar para cambiarlas. Es así como nos deshacemos de las tendencias profundamente enraizadas que nos mantienen anclados a la basura emocional.

HERRAMIENTA PARA LA VIDA
Meditación para descansar en la autoaceptación

Ahora utiliza esta visualización para encontrar un lugar de paz en el que descargar cualquier queja interna o externa o experiencia que estés rechazando, sin importar lo hiriente o traumática que sea. Este ejercicio de meditación te ayudará a estar más presente y a aceptarte íntegramente.

Parte 1

Piensa en algo que no puedas aceptar.

Escribe en una hoja de papel qué es lo que no puedes aceptar, o simplemente mantén el pensamiento en tu mente. Intenta ser lo más concreto que puedas. Ten en cuenta que puede ser una sensación física, una situación o una emoción. He aquí algunos ejemplos:

- Me estoy haciendo mayor y no me encuentro atractivo.
- Nadie me quiere y me aterra estar solo.

- Estoy preocupado por mi matrimonio, porque mi cónyuge se muestra frío y distante.
- Odio no haber ascendido y que mi carrera no progrese.
- _____ me hizo daño, y no puedo olvidarlo ni aceptarlo.

Parte 2

Sigue la siguiente pauta de meditación para acceder a una mayor sensación de paz, a una perspectiva más suave o incluso a un conocimiento más exacto de tu afirmación:

- Busca un lugar tranquilo en el que sentarte.
- Respira despacio. Imagínate a ti mismo descansando en un hermoso lugar de suprema, sublime y espaciosa calma. No hay nada en ese lugar que pueda hacerte daño. En ese lugar te encuentras totalmente seguro y protegido. Puede ser un lugar real que te guste y donde te sientas seguro o puede ser un lugar imaginario que crees en tu mente.
- Ahora piensa en las personas que te han ayudado en la vida. Son personas que desean profundamente tu bienestar, tu salud y tu seguridad. Imagina que estos individuos están cerca de ti, y te sientes bien a su lado. Pueden ser familiares, amigos o vecinos del pasado o del presente. Puedes incluso pensar en un personaje que admires, como Gandhi, Martin Luther King o Jesucristo. Si estuvieran aquí, ellos también te enviarían los más cálidos deseos de bienestar y seguridad.
- Deja que lleguen a ti las bendiciones y los deseos de bienestar de este grupo que se preocupa por ti. Deja que penetren en ti como una sensación de calidez que va calando en profundidad en tus células.
- Respira los deseos de bienestar, dejando que llenen el centro del corazón con un cálido resplandor. Deja que este cálido resplandor de ser amado y cuidado se expanda por todo tu cuerpo.

- Ahora percibe ese aspecto de tu vida que te cuesta aceptar como si estuviera lejos, muy lejos, en la distancia. Parece pequeño e insignificante a tanta distancia.
- A continuación imagina que el resplandor de calor, amor y bendiciones se expande a tu alrededor, como una pompa de jabón. El brillo dorado de la pompa se percibe cálido y acogedor. Es tu burbuja de autoaceptación, sabiduría y comprensión, que puede abarcar prácticamente cualquier cosa, no importa lo difícil o indeseada que sea.
- Imagina cómo la burbuja de autoaceptación crece y se expande alrededor de ti. Todos tus pensamientos, tu pasado, tus emociones —positivas o negativas— están incluidos por la burbuja, de manera que solo puedes estar con ellos. Percibe la sensación de expansión y paz al crecer la burbuja.
- Mira cómo la burbuja de autoaceptación abarca cada vez más cosas. Una vez que algo está dentro de la burbuja, ya no tienes que reaccionar frente a ella, y puedes tenerla en cuenta libremente, con amabilidad, mayor entendimiento y compasión.
- Deja que la burbuja se expanda más y más, hasta que alcance de lleno esa situación difícil que te cuesta aceptar. Siente cómo la burbuja entra en contacto y se ablanda para que ese aspecto problemático entre en su interior. Imagina que la pompa acepta esa situación del mismo modo que un amante padre, un mejor amigo, un mentor comprensivo o un maestro espiritual te acepta por ser quien eres.
- Déjate llevar por la paz y la tranquilidad junto con todo lo que hay dentro de la pompa. Ahora, deja que la burbuja se expanda y crezca más allá del horizonte del lugar hermoso y sereno en el que te encuentras. Todo está dentro de la pompa, y no existe fuera o dentro, nada que empuje o que tire, nada bueno ni malo, nada que ganar ni que perder, en este lugar de amor y autoaceptación que todo lo incluye.
- Continúa respirando lentamente tanto tiempo como quieras. Mantén la intención de aceptar tu situación difícil como punto

de partida, no como punta final. Deja que tu propia sabiduría te guíe y te diga cómo avanzar hacia delante. Cuando estés listo para terminar esta visualización, da las gracias a tu burbuja de autoaceptación, sabiendo que puedes volver a ella y descansar en su amplitud y su calidez siempre que lo desees.

Capítulo 5

CÉNTRATE EN LA RESPIRACIÓN Y EN TU CUERPO

Mira, la conciencia cree que domina la situación. Pero es un órgano
secundario de un ser humano completo y no debe ponerse al mando.
Debe entregarse y servir a la humanidad del cuerpo. Cuando se pone al
mando, lo que se obtiene es un hombre como Darth Vader en *Star Wars*.

JOSEPH CAMPBELL, *The Power of Mith*
(publicado en español con el título *El poder del mito*) [1]

¿HAS contado el número de pensamientos que has tenido esta
mañana? Puede que te rías ante esta pregunta porque probablemente
tu mente haya estado inundada de pensamientos desde que te des-
pertaste. El cerebro es rápido. Tan rápido, de hecho, que se estima
que podemos tener entre 25 y 125 pensamientos por segundo. Buda
pensaba que podíamos tener hasta 3.000 pensamientos por segundo.
Cuando mencioné este aspecto en un curso, una mujer levantó la
mano y dijo: «Yo tengo cuatro mil». Todos nos reímos, pero seguro
que esa era su impresión y sin duda aporta una nueva dimensión al
concepto de basura mental.

Si cada uno de nosotros recibiera un penique por cada pensamiento, todos seríamos ricos. Sin embargo, a menudo nos sentimos
agotados por nuestros pensamientos, crispados por la ansiedad y pre-

ocupados por ideas persistentes que se aferran a nosotros como niños asustados. Afortunadamente, tenemos un mecanismo innato para detener la mente agotada. Se activa cuando finalmente nos dejamos caer en nuestro cuerpo. El cuerpo coopera con el cerebro si lo dejamos. Como un copiloto, puede alertarnos cuando nos desequilibramos y cuando nos encontramos con turbulencias, y nos puede guiar hacia una trayectoria de vuelo más tranquila y hacia un lugar de armonía.

Una paciente con la que trabajé, Emily, aprendió a usar su cuerpo como copiloto. Era una joven y entregada madre de una niña de seis años y, si tuviera que elegir una película para describir el funcionamiento de su mente cuando la conocí, esa sería *El tren del infierno*. Emily vivía tan preocupada por la seguridad y la salud de su hija que su mente estaba siempre funcionando a toda máquina y a punto de descarrilar. Esto le producía continuos ataques de pánico, que la dejaban débil. Ciertamente, Emily no estaba sola en su sufrimiento. La ansiedad es el problema de salud mental número uno en Estados Unidos, donde cerca de 40 millones de personas sufren algún tipo de trastorno de ansiedad. Si la hija de Emily iba a casa de una amiga a una fiesta de pijamas, a Emily le asaltaban pensamientos de todo tipo de males. Estos pensamientos eran a menudo caprichosos, cuando no extravagantes, como imaginar que su hija iba a caerse por una ventana en casa de su amiga y a clavarse en un ojo una esquirla de vidrio escondida entre la hierba. Si su hija tomaba el autocar de la escuela, ella se imaginaba un espantoso accidente de tráfico.

Trabajé con Emily utilizando diversas técnicas. Comenzó practicando un poco de navegación por su Facebook interior, de modo que pudiera aprender a tomar nota de sus pensamientos desde la distancia y juzgar su exactitud. Pero lo que realmente marcó la diferencia fue el momento en el que se dejó caer dentro de su cuerpo. Conectó con su cuerpo a través de la respiración, que ella utilizaba para activar la respuesta de relajación del cuerpo —el sistema nervioso parasimpático— y calmar así los ataques de pánico y prevenir su aparición. Descubrió la manera de hacer de su cuerpo un amigo y un copiloto de confianza.

Todo cobró sentido para ella un día que llevaba a su hija al polideportivo. «Llevaba a mi hija en el coche a jugar al fútbol», me explicó, «cuando sentí esta ligera sensación de presión en el pecho. También me di cuenta de que estaba agarrando con fuerza el volante del coche. De repente, vi aquello en lo que estaba pensando. Estaba pensando en un horrible accidente en el campo de fútbol. De modo que relajé las manos y el cuerpo e inicié la respiración abdominal. Antes nunca me habría dado cuenta de esa manera de las cosas. Estaba trabajando para superar un ataque de pánico sin tan siquiera saberlo». Este fue un importante punto de inflexión para Emily. Al escuchar a su copiloto (su cuerpo), fue consciente de que estaba capeando el temporal, o la basura mental preprogramada para crear una historia generadora de ansiedad.

Utilizar una mayor conciencia del propio cuerpo es como realizar un ajuste en tu televisor, o como añadir un nuevo marcador de «favorito» en tu buscador. Te sitúa en el momento presente, en lugar de lo que los neurocientíficos llaman «el modo por defecto», un estado de mente errante que salta de una historia a otra. Este modo suele producirse cuando no estás centrado en una tarea mental concreta, como escribir un informe, realizar una trabajo doméstico o planificar un viaje. Sin embargo, el modo por defecto no siempre es aleatorio. Si tienes un canal programado que visitas con frecuencia, como el «canal de la ansiedad» o el «canal de la depresión», entonces es fácil que sintonices tus ajustes por defecto sin darte cuenta.

RESPIRACIÓN:
EL CANAL DEL MOMENTO PRESENTE

Supongamos que tu médico te habla de un nuevo medicamento milagroso que reduce de manera comprobada los pensamientos negativos y la depresión y que puede alargar la vida, si tener absolutamente ningún efecto secundario negativo. ¿Lo tomarías? Eso es exactamente los que estamos aprendiendo en torno a las capacidades curativas de la respiración y la conciencia del momento presente.

Un estudio publicado en la revista *Cognitive Therapy and Research Journal*[2] llegó a la conclusión de que la práctica de la respiración de forma plenamente consciente —respiración diafragmática— realmente reduce la repetición de pensamientos negativos y la depresión. Reduce incluso el miedo en relación con sensaciones del cuerpo.

Al mismo tiempo un estudio publicado en *Clinical Psychological Science*[3] puso de manifiesto la manera en la que la conciencia del momento presente podría actuar como una fuente de juventud que nos mantiene más jóvenes a pesar de nuestra edad cronológica. Investigadores de la Universidad de California, San Francisco (UCSF), analizaron los efectos de la mente errante sobre los telómeros de más de doscientas mujeres sanas. ¿Qué son los telómeros? Son pequeños fragmentos finales de ADN presentes en los extremos de los cromosomas. Mantienen las células juntas, de forma similar a los remates de plástico al final de los cordones de los zapatos. Los telómeros son marcadores biológicos de envejecimiento y, cuando se acortan o se alteran, la célula deja de dividirse debidamente, dando lugar a enfermedad y muerte.

Estudios previos han demostrado que el estrés grave acorta de forma prematura los telómeros y acelera el envejecimiento de las células de la sangre hasta en 10 años. El estudio de la UCSF llegó a la conclusión de que una mente errante acorta también de forma prematura los telómeros. Pero hay una buena noticia. También encontraron que el sentirse centrado, implicado y presente en cada momento protege nuestros telómeros y evita que mengüen. Los investigadores llegaron a la conclusión de que «las personas que afirmaron tener una mente errante presentaban telómeros más cortos y un mayor número de tipos celulares de inmunidad cruzada (granulocitos, linfocitos) que los que refirieron tener en escasa medida una mente errante, incluso ajustando los resultados en función del estrés... El estado de atención en el momento presente favorece un medio bioquímico sano y, en consecuencia, la longevidad celular».

Ahora, antes de ponerte nervioso por la frecuencia con la que tu mente divaga, déjame matizar que lo que tiene un efecto nocivo de envejecimiento es el divagar negativo de la mente, el preocuparte por el pasado y sentir ansiedad por el futuro. Centrarte en el momento presente es bueno para ti, ya se trate de una agradable ensoñación estando despierto, de un pensamiento creativo, de planificar tus vacaciones o de realizar la siguiente respiración.

Por otro lado, los telómeros pueden alargarse. Un estudio preliminar ha puesto de manifiesto que una intervención sobre el estilo de vida que incluya reducción del estrés y prácticas de respiración, ejercicio, apoyo social y comida sana puede realmente alargar los telómeros. Queda mucho por investigar en esta área del conocimiento, pero el mensaje clave es que nuestras experiencias diarias y la manera en la que utilizamos nuestra conciencia influyen profundamente en nosotros, en nuestras células.

¿Te has parado alguna vez a observar la respiración de un bebé? Si lo miras de cerca, verás que es su vientre lo que se mueve hacia dentro y hacia fuera, no el pecho. Esto significa que el bebé está realizando una buena respiración, larga y pausada; sin ningún esfuerzo, los bebés llevan a cabo la respiración diafragmática. Este es nuestro método natural de respiración por defecto y cuando respiras de este modo estás reduciendo automáticamente el divagar de la mente, al mismo tiempo que activas el sistema de relación del organismo, el sistema parasimpático. ¿Quién dijo que los recién nacidos no son inteligentes?

Pero con el tiempo, según vamos enfrentándonos al estrés, nuestra respiración se torna superficial y se desplaza a la parte superior de los pulmones. Si imaginas tus pulmones como una taza, una respiración superficial llenaría solo la parte superior de la taza. La respiración superficial nos hace vulnerables al sistema nervioso simpático y activa la respuesta de estrés del organismo. Cuando esto sucede, la presión arterial, la frecuencia cardíaca y la frecuencia respiratoria aumentan. Nuestro cerebro y todo el cuerpo se ven inundados por hormonas del estrés, incluso un día normal. El secreto de la respiración abdominal reside en llenar esa taza desde la base, justamente como hacíamos cuando éramos bebés.

A continuación vamos a tratar de estar presentes a través de la respiración. Se trata de una herramienta para la vida que es esencial, poderosa y que siempre llevas contigo.

HERRAMIENTA PARA LA VIDA
Respiración orientada a presencia y paz

Afortunadamente, es fácil volver a aprender a respirar con el abdomen realizando una serie de cambios en la postura corporal. A continuación citamos cuatro posturas alternas que te ayudarán a redescubrir la técnica de respiración de tu niñez. Cada uno de los métodos que se describen a continuación te ayudarán a tirar hacia atrás de tus hombros y estirar los músculos de la caja torácica (los intercostales) que permiten abrir la caja torácica. Dicha postura facilita la respiración abdominal. Este método de respiración se denomina respiración diafragmática.

Después de aprender y de practicar esta modalidad de respiración, puedes convertirla en tu método de respiración programado, por defecto. Así estarás preparado para abordar las dificultades de la vida de forma más clara, serena y consciente.

Postura 1

Sentado o de pie, sitúa los brazos tras la espalda y entrelaza las manos. No fuerces la respiración. Observa si tu respiración es cada vez más lenta y si existe movimiento del área abdominal. Si has aprendido a «meter tripa», date a ti mismo permiso para relajar los músculos abdominales, y deja tu vientre libre. Si llevas años respirando de manera superficial, puede llevarte algo de tiempo conseguir esa respiración lenta y larga *.

---

* Si te cuesta llevar la respiración a la parte baja del abdomen utilizando las posturas aquí sugeridas, intenta tumbarte sobre la espalda o sobre un costado, postura en la que es más fácil notar el movimiento del vientre hacia fuera y hacia dentro. Una vez que hayas puesto el abdomen en movimiento, intenta de nuevo estas posturas).

Postura 2

A la siguiente postura le he puesto nombre de superheroína: postura de Wonder Woman. Coloca los manos a los lados de las costillas. Localiza las costillas inferiores y sitúa las manos sobre ellas, con los codos hacia fuera. ¿Notas, al respirar, cómo los lados del abdomen se mueven hacia fuera? Esta respiración más larga hace que entre en tus pulmones diez veces más aire que si estuvieras respirando superficialmente. Se trata de la postura ideal para aquellas personas que no desean centrarse en el movimiento hacia fuera del abdomen.

Postura 3

Levanta los brazos y junta las manos detrás de la cabeza o del cuello. Como alternativa, también puedes levantar los brazos y tocarte los hombros con las puntas de los dedos. Para algunas personas, es una manera eficaz de conseguir esa respiración más profunda. Si por cualquier razón te sientes mareado, es posible que hayas realizado una respiración demasiado profunda. Imagina que tus pulmones son una taza. Estás llenando la taza desde la base lentamente, no de golpe hasta el borde.

Postura 4

He puesto a este último método el nombre de «respiración de fuelle», porque en ella se utilizan los brazos como un acordeón o un fuelle que se abre para inspirar y se cierra para espirar. El soldado de las fuerzas especiales del ejército de Estados Unidos que me enseñó este método decía que ellos utilizan la respiración como medio para «controlar la agitación» y para seguir pensando con claridad incluso si están experimentando miedo y ansiedad durante una misión. Funciona así. Comienza colocando las palmas de las manos juntas delante del pecho.

Abre el acordeón moviendo los brazos hacia los lados, al tiempo que realizas una buena inspiración abdominal. Mantén los brazos abiertos mientras contienes la respiración, hasta contar dos. Después cierra el acordeón juntando los brazos al tiempo que expulsas el aire mientras cuentas hasta cuatro y las manos vuelven a su posición delante del pecho. Practica realizando dos o tres respiraciones de acordeón.

Utiliza estas 4 técnicas a lo largo del día. Por encima de todo, ten paciencia. Puede llevarte un tiempo adiestrar a tu cuerpo para que respire de este modo.

También te sugiero que programes descansos de respiración a lo largo del día. Como les pido a las personas en mis talleres: dedicáis tiempo a cuidar de vuestra higiene personal, a cepillaros los dientes y a ducharos. ¿Son mucho tres minutos al día para cuidar de vuestra higiene mental?

La respiración es como el hilo dental de la mente. Programa tres minutos de respiración abdominal al día. Puedes realizar un minuto por la mañana, un minuto por la tarde y un minuto por la noche. Es fácil comenzar. Después, a lo largo del día, date cuenta de dónde se localiza tu respiración, y después recondúcela hasta el abdomen. Estarás metiéndote en tu cuerpo, haciéndote más presente y eliminando la basura mental con este limpiador multiusos. Además, estarás siguiendo el consejo de Henry David Thoreau, que en 1859 escribió en su diario: «Debes vivir en el presente, lanzarte sobre cada ola, encontrar tu eternidad en cada momento» [4].

— *Parte 2* —

SUPERACIÓN DE LA BASURA RELACIONAL, CULTURAL Y ANCESTRAL

Somos mucho más que el producto de nuestros procesos biológicos, físicos y psicológicos como personas. En realidad existimos en un medio, una intrincada red de vida. Es posible que no lleguemos nunca a comprender el grado en el que el pasado influye en nuestras experiencias y elecciones, pero podemos comenzar honrando a quienes nos precedieron y empatizando con ellos. Al tomar conciencia de la basura ancestral, estamos dando el primer paso hacia la superación, la esperanza y la evolución en dirección a una nueva forma de ser, que después podremos transmitir a quienes sigan nuestros pasos y los latidos de nuestro corazón.

Capítulo 6

LIMPIEZA DE LA BASURA EMOCIONAL FAMILIAR

Para sobrevivir en el bosque, tus viejas maneras deben morir. La iniciación... es un peregrinaje interior en el que te liberas de aquello que te ata a formas de ser habituales e incluso dañinas.

JULIE TALLARD JOHNSON, *Wheel of Initiation* [1]

LA íntima conexión que tenemos con la familia se clava en nuestro ser mucho antes de que seamos capaces de pronunciar una palabra. Gran parte de esta programación inicial se produce en el hemisferio derecho del cerebro, en los primeros diez a veinticuatro meses de vida. Es entonces cuando nuestro cerebro empieza a desarrollar un programa emocional y social, o una plantilla, en la medida en que sintoniza, o sincroniza, con la madre, el padre y otros cuidadores.

No es de extrañar que tratar de separarnos de la familia pueda hundirnos emocionalmente. La idea de deshacernos de nuestra basura emocional familiar puede percibirse como ir de excursión al bosque sin brújula: una mezcla de incertidumbre, miedo y desorientación. Por muy limitadora, nociva, irritante y totalmente frustrante que pueda ser la basura familiar, existe aun así algo extrañamente confortable en ella. Después de todo es una representación de nuestras primeras experiencias de hogar y de apego a otros.

Por esta razón tu viaje hacia la basura emocional ligada a la familia puede entenderse como un poderoso viaje de iniciación. Al adquirir una comprensión, un entendimiento y una conciencia más profunda de la familia, puedes desviarte hacia tu manifestación en el futuro. Comencemos el viaje explorando la manera en la que un cerebro joven recibe su programación inicial para gestionar emociones y relaciones.

Esencialmente, si nuestros cuidadores son sensibles, amables, se muestran disponibles y atentos y nos proporcionan un ambiente seguro, nuestro cerebro será un reflejo de todo ello. El programa descargado en el disco duro de tu cerebro dice: «Confío y estoy convencido de que puedo ver satisfechas mis necesidades. Me siento seguro porque otros responden de manera fiable, predecible, cooperativa y generosa. El mundo es un lugar seguro, en el que puedo confiar en los demás y puedo sentirme protegido y creer que puedo prosperar en presencia de otros».

Pero supongamos que nuestros cuidadores se muestran confundidos, frustrados, agobiados, negligentes o emocionalmente inaccesibles. En este escenario nuestro hemisferio derecho establece su descarga inicial de manera muy diferente. El programa social y emocional resultante dice: «La idea de ver mis necesidades satisfechas me genera frustración, terror y confusión. Me siento inseguro porque otros reaccionan de manera impredecible, dañina, aleatoria y egoísta. El mundo es un lugar peligroso y extraño en el que no puedo confiar en los demás y donde más vale que esté muy alerta para sobrevivir».

La capacidad o incapacidad de relación de nuestro cuidador halla reflejo en nuestra mente. Como resultado de ello, es posible que crezcamos sintiéndonos muy seguros o inseguros en nuestras relaciones. Pero este programa cerebral puede tener fuentes que van más allá de nuestros progenitores o cuidadores inmediatos. Y aquí reside la clave de la eliminación de la basura emocional relacionada con la familia.

LA EPIGENÉTICA: UN NUEVO CONTEXTO PARA EL PERDÓN Y EL CAMBIO

Resulta descorazonador asistir a la repetición de la crueldad y de la brutalidad que estallan y se reactivan en la sociedad de nuestro tiempo. A menudo la atribuimos a crueles dictadores, a la falta de democracia, a la supervivencia del más fuerte o a razones socioeconómicas. Hay quien propone que, sencillamente, los seres humanos son violentos por naturaleza y que llevas este comportamiento en los genes. La nueva ciencia de la epigenética pinta un cuadro radicalmente distinto. Sugiere que nuestro *comportamiento* y el *medio* en el que vivimos pueden alterar nuestros genes. Esto significa que impulsos como la violencia, por ejemplo, no están necesariamente programados en la naturaleza humana, aunque realmente pueden ser predisposiciones susceptibles de cambio.

La palabra *epignética* se traduce como «alrededor» o «por encima» del gen. Básicamente, nuestro genoma —el ADN— es como el disco duro de un ordenador. El epigenoma actúa como un programa de *software* que da instrucciones a nuestros genes sobre lo que han de hacer, como por ejemplo activarse o desactivarse. Un estudio ilustra la manera en la que nuestras experiencias diarias —los alimentos que comemos, cómo respiramos, la manera en la que respondemos al estrés y la forma en la que interactuamos con el medio— dan instrucciones que indican a nuestros genes cómo expresarse. En algunos casos, estas nuevas instrucciones pasarán a las siguiente generación, sin ninguna mutación génica. En la epigenética podría residir la clave para hacer realidad el sabio consejo de Einstein: «La paz no puede obtenerse por la fuerza; solo puede alcanzarse mediante el entendimiento» [2].

Un estudio llevado a cabo en la Universidad de Duke, Estados Unidos, por el científico Randy Jirtle [3] analizó que la comida actúa como un programa de *software* epigenético. Jirtle comprobó la manera en que la dieta afecta a un gen concreto relacionado con la salud —el gen agouti— en ratones. Dado que el color de pelo del ratón también se halla bajo el control de este mismo gen, Jurtle podía distinguir visualmente si el gen agouti estaba activado (en cuyo caso los ratones tenían el pelo amarillo) o desactivado (si tenían el pelo de color pardo). Cuando el gen agouti está activo, los ratones presentan un pelo de color amarillo característico, sufren obesidad y su vida se acorta de manera llamativa. Para desactivar el gen productor de obesidad, se alimentó a los ratones de pelo amarillo con una dieta rica en grupos metilo (una molécula con un átomo de carbono y tres átomos de hidrógeno). Los grupos metilo se unían al gen agouti y lo desactivaban. Y esto es lo asombroso: esta dieta rica en metilos también halló reflejo en las generaciones siguientes, al nacer ratones más delgados y sanos. Además, la generación siguiente tenía el pelo pardo, un marcador por el que los científicos interpretaron que el gen agouti había sido desactivado por la dieta, y así se mantenía. No obstante, si los ratones de pelo pardo ahora sanos eran alimentados con una dieta pobre, el gen agouti volvía a activarse y esta característica se transmitía también a la descendencia, que mostraba pelo amarillo, obesidad y vida más corta. El trabajo de Jirtle muestra que factores nutricionales y ambientales pueden alterar la expresión de los genes. Y ello prueba que estos factores son hereditarios. En el campo de la epigenética, existen incluso actuaciones médicas orientadas a la desactivación de genes que causan algún tipo de cáncer.

Otro estudio en el que se han utilizado también modelos animales muestra que la nutrición (o la carencia nutricional) puede alterar el desarrollo de áreas esenciales del cerebro y que estos cambios epigenéticos son transmitidos a la siguiente generación. En *The Science of the Art of Psychotherapy*, Allan Schore, investigador del desarrollo en los niños, escribe: «Sabemos que los incrementos masivos de hormonas del estrés tienen un efecto nocivo sobre el desarrollo cerebral. Esto representa la transmisión psicobiológica intergeneracional de una predisposición a la violencia y a la depresión»[4]. Se puede decir que el ADN de una persona no muta ni cambia. Es la expresión del gen lo que cambia debido a la interacción con el medio.

Es este un poderoso y esperanzador mensaje. Pero una mayor esperanza supone también una mayor responsabilidad personal en relación con nuestras opciones de vida. Las decisiones irreflexivas o las conductas tóxicas pueden afectar no solo a nuestra salud, sino a la salud de nuestros hijos y nietos. Aun así, la pregunta sigue siendo la siguiente: ¿cómo vivimos con el dolor y el sufrimiento que existe en nuestra familia, aunque proceda de quienes no tienen tal vez interés en perdonar o cambiar sus comportamientos hirientes?

Si sigo culpando a otros, la curación será difícil. Pero el contexto epigenético pinta un cuadro distinto. Plantea una serie de preguntas. «¿En qué ayuda realmente la culpa? ¿Hasta dónde debemos señalar enojados con el dedo en nuestra historia familiar? ¿Cien años? ¿Mil? Un planteamiento mucho mejor es el de reconocer de manera compasiva que, cuando miramos las fotos desvaídas de nuestros parientes, en realidad estamos mirándonos a nosotros mismos. Nuestras batallas personales están conectadas con la red más amplia y universal de nuestros padres, abuelos, y con toda la humanidad.

Si algo hemos aprendido de la epigenética es que no estamos predestinados a seguir los pasos genéticos de fantasmas del pasado. Con el poder de la elección consciente, de la intención y de la conexión en sintonía podemos alterar nuestro comportamiento, si no proporcionar a las generaciones venideras una expresión genética más abierta y una vida más rica.

CONCIENCIA Y CAMBIO
FRENTE A PERDÓN

Mi memoria no ha sido nunca la mejor del mundo, ni mucho menos. Pero hay una conversación memorable para mí, difícil de olvidar. Fue la que tuve con mi buen amigo Stephen, quien proyectaba esa clase de presencia física de seguridad de un entusiasta corredor y exmarine.

Era padre de tres hijos ya adultos, a los cuales conocí en la boda de uno de ellos. Pude sentir el amor y el respeto que se tenían Stephen y sus hijos. Esta enriquecedora relación mutua existía a pesar de una secreta historia de malos tratos.

Una mañana, delante de una taza de café, Stephen y yo empezamos a hablar de las relaciones padre-hijo, cuando mi amigo se sumió en el silencio y su rostro palideció, con los ojos mirando hacia arriba, como volviendo atrás en el tiempo. «Mi padre abusó sexualmente de mí cuando era un niño», me dijo en voz baja. Después, suspiró y dijo: «Juré que yo nunca les haría eso a mis hijos ni les haría daño de ninguna otra forma». Cuando le pregunté si todavía estaba resentido, él respondió: «Me deshice de aquello y llegué a un punto de tolerancia. Por otra parte, no me quedaba otra».

Stephen no había perdonado a su padre, pero había aceptado lo sucedido y aprendido a dejarlo marchar. No estaba en un primer plano de sus pensamientos. A su manera vivía en paz con su trauma emocional de familia conflictiva. Ese día aumentó aún más el respeto que sentía por Stephen. Su relato muestra que tener una historia familiar de caos y malos tratos no es excusa para una conducta abusiva ni tiene por qué ser un factor predictivo de las decisiones que se tomarán en la vida.

La habilidad para cultivar los sentimientos de seguridad y confianza en relación con los demás es una herramienta para la vida que cualquiera puede aprender. No significa perdonar a quienes te han herido, pero te debes a ti mismo no dejar que una historia de basura emocional te mantenga anclado a relaciones insanas. Antes de presentar la herramienta para la vida de este capítulo quiero compartir el relato de un cliente que sufría malos tratos en su matrimonio.

Tom era un profesional de cincuenta y ocho años cuya mujer tenía continuas explosiones de ira. Utilizaba su ira para controlarlo, con rabietas emocionales y reprendiéndolo en público. Tom se sentía como si tuviera que caminar siempre de puntillas. A medida que fui conociendo más datos sobre la familia de Tom, fue quedando cada vez más claro que mi cliente estaba repitiendo un viejo patrón familiar. En realidad, los padres de Tom —Ed y Betty— habían dado forma a la relación de codependencia en la que ahora se encontraba atrapado su hijo. Siempre que Ed, el padre de Tom, maltrataba verbalmente a Betty, ella lo disculpaba y enseguida olvidaba ese comportamiento inaceptable. Y lo que es más, el propio padre de Betty era alcohólico y también maltrataba física y verbalmente a la madre de Betty.

Con el tiempo, Tom empezó a darse cuenta de que, como su madre, estaba desarrollando una especie de amnesia del maltrato, ya fuera disculpando, ya fuera olvidando el comportamiento inapropiado de su esposa. Para ayudar a Tom a superar su amnesia, le animé a escribir una crónica de los acontecimientos según iban produciéndose, así como de los episodios de maltrato que tendía a olvidar. Tom se recuperó de su «amnesia» documentando los episodios y releyéndolos. Esto le proporcionó una nueva perspectiva de lo que estaba ocurriendo.

Un día, llegó a la sesión con varias hojas de «notas recordatorias». «No puedo creer que haya permitido que alguien me haya tratado así», dijo, sacudiendo la cabeza. «Esto no es amor ni es sano. Puede que forme parte de mi historia familiar, pero ha llegado la hora de cambiarlo». No fue fácil para Tom defenderse a sí mismo, pero cuando lo hizo, su mujer no se mostró dispuesta a cambiar.

El matrimonio se deshizo y a Tom la pérdida le supuso una tristeza terrible, porque en su familia un matrimonio permanece unido por muy mal que vayan las cosas. Al mismo tiempo Tom se sentía cierto nerviosismo por haber roto con toda esa ancestral basura familiar. Por encima de todo, comprendió cómo se crean relaciones mutuamente felices y sanas.

HERRAMIENTA PARA LA VIDA
Descarga de un programa de actualización cerebral para limpiar la basura familiar

No busques mala compañía
ni vivas con hombres a los que no les importes.
Encuentra amigos que amen la verdad.

BUDA, *El Dhammapada* [5]

¿Qué ocurre si el programa social y emocional de la primera infancia descargado en tu cerebro no te está ayudando? ¿Simplemente tienes mala suerte? Por fortuna, es posible borrar ese programa inicial y sustituirlo por el último programa de seguridad emocional y relacional. Solo tienes que conocer el secreto de dónde encontrar y cómo instalar la nueva descarga.

Parte 1

No encontrarás el programa en la estantería de la tienda de ordenadores de la esquina ni en internet. Ello se debe a que se trata de un programa vivo, que respira, que existe en el interior de ciertas personas, las cuales actúan como auténticos benefactores para quienes las rodean. ¿Quiénes son estos benefactores? ¿Cómo puedo identificarlos? He aquí una serie de cualidades que debes buscar:

- Un benefactor es alguien que, cuando estás en su presencia, hace que te sientas bien y, además, seguro.
- Este benefactor se siente a gusto dentro de su propia piel.
- Es una persona que sonríe con frecuencia y que realmente escucha cuando hablas.
- Con los benefactores se tiene sensación de reciprocidad: no todo es ellos, su vida y sus problemas.

- Los benefactores demuestran empatía, comprenden lo que otros sienten. Tienden a actuar de manera compasiva en representación de otros. Tal vez trabajen como voluntarios en un banco de alimentos o echen una mano cuando un amigo está enfermo.
- Esta persona tiene una mente abierta y no se aferra con rigidez a un dogma o a su punto de vista. Los benefactores no excluyen ni juzgan duramente a alguien por diferencias religiosas, de opinión o por ideas políticas.
- Los benefactores suelen ser fuertes y saben perdonar. Los altibajos de la vida, así como las injusticias que se producen, no dejan cicatrices permanentes en su psique. Han aprendido a aceptar y a perdonar.
- Por último, los benefactores brindan apoyo a otros y se alegran de sus éxitos, sin celos ni envidias. Esto significa que pueden actuar como consejeros o mentores en alguna área de tu vida.

Todo esto no quiere decir que los benefactores sean santos y que no tengan ningún punto débil. Todos los tenemos. Pero una visión de la vida optimista, curiosa y entusiasta supera esos puntos débiles. Por otro lado, no necesitas encontrar a alguien que encarne a la perfección cada uno de los atributos arriba expuestos. Lo importante es identificar a las personas que, en general, son abiertas, se comprometen con los demás, son amables y hacen que te sientas seguro en su presencia.

Y aquí viene el reto. Evalúa a la gente más cercana en la vida. ¿Son benefactores que te ayudan a acceder a ese nuevo programa? ¿O actúan según el viejo programa que dice «los demás reaccionan de manera impredecible, hiriente, errática y egoísta. El mundo es un lugar extraño e impredecible en el que no puedo confiar en los demás y es mejor que me mantenga alerta para sobrevivir»? Por supuesto, es posible que estos individuos se preocupen profundamente por ti y sean amigos fieles y leales, pero si están ejecutando el viejo programa tal vez estén impidiéndote que lo borres de ti mismo.

Por ahora, simplemente toma conciencia de cualquier persona en tu vida que esté ejecutando ese viejo programa. No necesitas obligatoriamente hacer o cambiar nada de tus relaciones con ellas, pero debes ser consciente de que estas personas no encarnan lo que tú necesitas ahora. Si alguien realmente te está reteniendo, es insolidario y tan negativo y crítico que no te sientes respetado ni seguro, entonces necesitas realizar un cambio inmediato. Pero esta herramienta para la vida se centra realmente en promover a las personas fuertes y solidarias que pueden ayudarte a descargar un programa nuevo. Por otro lado, al reprogramarte con éxito a ti mismo te conviertes en potencial benefactor de otros, posiblemente ayudando a los supervivientes heridos en tu vida. Ser un alma herida no es algo malo, gran parte de nuestra humanidad procede de nuestras heridas.

Parte 2

Cuando hayas localizado a un benefactor, habrás recorrido la mitad del camino. El siguiente objetivo es descargar el programa que esté ejecutando. Puedes hacerlo sintonizando con él. Nuestro cerebro tiene una maravillosa habilidad para experimentar, o ser el reflejo de lo que otros sienten. Es una habilidad natural que todos poseemos. En cierta medida, esto significa copiar y emular a los benefactores, pero no implica renunciar a tu propia identidad o a tu libre albedrío. Sigues siendo tu propio ser, individual y diferenciado, y tomas tus propias decisiones, pero te permites sintonizar con la confianza, la verdad y la compasión que esa otra persona siente y encarna. Esto te permite experimentar la actualización del programa, siendo tú quien decides cómo lo sientes y qué vas a hacer al respecto.

Sigue los siguientes pasos para sintonizar y obtener el programa actualizado. Cuando estés en presencia de estos individuos, o benefactores, deberás:

- Establecer la intención consciente de percibir lo que el benefactor siente mientras hablas o interactúas con esta persona.

- Prestar especial atención a las expresiones faciales y al lenguaje corporal. Está bien que experimentes con este lenguaje corporal para probar cómo te sientes.
- Experimenta todas la emociones y las expresiones faciales mientras interactúas.
- Deja que tu cuerpo y todo tu «yo» se relajen. Realiza varias respiraciones para calmarte. Toma nota de si esta otra persona respira relajadamente.
- Mira a tu alrededor y recuérdate a ti mismo que estás seguro. Esto tendrá un efecto calmante sobre tu detector de humos cerebral. Hazlo tantas veces como lo necesites. Puede que incluso te des cuenta de algo en la habitación que encuentras agradable, como un color, una forma o un objeto.
- Presta atención a los relatos que comparte el benefactor. Fíjate en si estas historias cuentan el modo en que otros ayudaron a esa persona a alcanzar sus objetivos o a superar obstáculos.
- Cuando compartas una historia propia, asegúrate de mencionar los recursos y a las personas que te ayudaron.
- Cuando escuches las historias de un benefactor, imagínate a ti mismo pasando por las mismas experiencias. Con empatía, deja que tu ser se dé cuenta del modo en el que eso te ayuda a comprender mejor a la otra persona. Si esta comprensión te brinda una nueva perspectiva que deseas compartir, hazlo.
- Cuando te vayas, haz saber a esta persona que te ha gustado el encuentro. Esta actitud proporciona una hermosa sensación de conclusión y seguridad mientras te preparas para marcharte.

Cuando sintonizas, creas nuevas conexiones nerviosas, reprogramas el cerebro e instalas en él emociones y sensaciones de seguridad saludables. Ten paciencia. No tienes que ser perfecto en esta tarea. Cada vez que sintonices con un «benefactor», puedes actualizar el programa. También puedes practicar ejecutando el programa cuando estés con otros. Por encima de todo, disfruta del proceso.

Capítulo 7

REFLEXIONES SOBRE COMUNICACIÓN COMPASIVA

La comprensión, en términos tibetanos, es un sentimiento espontáneo de conexión con todos los seres vivos. Lo que sientes tú, lo siento yo; lo que siento yo lo sientes tú. No existe diferencia entre nosotros.

YONGEY MINGYUR RINPOCHE, *La alegría de vivir*) [1]

Recuerdo perfectamente dónde me encontraba aquel trágico día del tiroteo en la escuela elemental Sandy Hook, en Newtown, Connecticut, el 14 de diciembre de 2012. El triste episodio quedaría grabado para siempre en mi memoria porque ese día estaba impartiendo un taller de *mindfulness*. Sucedió que uno de los participantes recibió la noticia y la compartió con el grupo. Todos nos sentimos sacudidos y conmocionados por el suceso y sugerí que nos sentáramos durante un minuto o dos y enviáramos en silencio nuestra bendición a los afectados.

Uno de los ejercicios para realizar por la mañana que yo había programado para ese taller se basaba en un conmovedor relato escrito en 1885 por el novelista ruso León Tolstoi llamada «Las tres preguntas» [2]. El mensaje del relato era que había que centrarse en ayudar a la persona que estaba a tu lado en ese momento, porque la vida es preciosa e impredecible. Debido a las noticias sobre Sandy Hook, pensé en saltarme este ejercicio. Pero *mindfulness* significa estar plenamente presente también en los momentos más duros y tensos de la vida. De modo que decidí seguir adelante. Mientras, ahogado por la emoción (como todos), contaba el relato de Tolstoi, sentí que nunca la verdad de su mensaje había sido tan evidente como ese día. Con este escenario como fondo, me gustaría compartir aquí la historia de «Las tres preguntas» tal y como la adapté para los participantes en mi taller.

LAS TRES PREGUNTAS

El relato trata de un rey que tenía un fuerte interés por la filosofía. (Imagina que su reino se extendía al otro lado del bosque, no muy lejos de donde vives, siglos antes de que llegaran los pobladores modernos.) El rey deseaba encontrar respuestas concluyentes a tres preguntas, con objeto de tomar decisiones más sabias. Las tres preguntas eran:

- *¿Cuál es el mejor momento para hacer cada cosa?*
- *¿Quiénes son las personas más importantes con las que cualquiera debería trabajar?*
- *¿Cuál es la tarea más importante a realizar en todo momento?*

Era un rey listo, de modo que ofreció una generosa recompensa a quien mejor respondiera a estas preguntas. Los súbditos del rey se mostraron entusiasmados con el certamen. Muy pronto se vio inundado por los correos. Todas las respuestas eran prácticas, pero el emperador se dio cuenta de que cada una de ellas tenía un sesgo. Pongamos, por ejemplo, la pregunta: ¿quiénes son las personas más importantes con la que cualquiera debería trabajar? Los médicos escribieron que eran ellos las personas más importantes, porque curaban a la gente. Los músicos respondieron que ellos eran los más importantes, porque ayudaban a la gente a bailar y a sentirse bien. El rey se dio cuenta de que debía existir una respuesta que fuera reflejo de una verdad universal.

Sucedió entonces que el rey tuvo conocimiento de que un sabio anciano ermitaño vivía en lo alto de una colina, en el bosque. El rey decidió buscar al ermitaño para encontrar las respuestas que buscaba. Dado que no quería que nadie supiera que estaba buscando al ermitaño, se vistió con ropas de campesino y salió caminando un día temprano por la mañana, acompañado por un miembro de confianza de su guardia y un asistente. Juntos recorrieron a pie una distancia considerable, hasta que, en medio de un denso bosque, encontraron un estrecho sendero que subía por la colina. El emperador tuvo la sensación de que era allí donde vivía el ermitaño, de modo que ordenó a su ayudante y al oficial de la guardia que le esperaran mientras él continuaba por la vereda.

Fue una dura travesía y el denso bosque se mostraba oscuro y misterioso. Finalmente, el rey llegó a un pequeño claro iluminado por los rayos del sol. Y ahí estaba el frágil y anciano ermitaño, cavando en un jardín. De inmediato el rey sintió piedad por el hombre. Tomó la pala y le dijo que descansara. Después, mientras el rey cavaba, le hizo al ermitaño las tres preguntas. Pero el ermitaño no contestó. Estaba ahí sentado, mudo e inexpresivo. En poco tiempo el sol se escondió tras los árboles, arrojando largas sombras sobre el claro. El rey se dio cuenta de que pronto oscurecería y de que en breve debería volver a la aldea. De modo que le hizo de nuevo las tres preguntas al ermitaño y una vez más no obtuvo respuesta alguna.

El rey sospechó que quizá el ermitaño no tuviera las respuestas o que tal vez no quisiera ayudarle, de modo que se preparó para partir. Pero justo entonces, un sonido llegó del límite del bosque. El rey y el ermitaño se giraron y vieron a un desconocido que, herido, se dirigía hacia ellos tropezando entre arbustos y zarzas. Aquel hombre estaba sangrando y semiinconsciente y cayó justo a los pies del rey. El soberano no lo dudó. Limpió la herida del desconocido e incluso utilizó su propia camisa para detener la hemorragia y hacer un vendaje. Se dio cuenta de que la vida del hombre pendía de un hilo, de modo que decidió pasar allí la noche y cuidar de él para intentar salvarle la vida. Encendió un fuego para mantener al hombre caliente y estuvo dándole agua durante toda la noche. Luego, la respiración del herido se hizo regular y el rey se durmió.

Al amanecer, el sol de la mañana se filtró entre los árboles y los pájaros llenaron el aire con sus melodiosos gorjeos. El desconocido también se despertó. Levantó la mirada hacia el rey, le señaló débilmente y pronunció unas palabras que le impresionaron: «Sé quién eres. Eres el rey», le dijo, y añadió «y te seguí hasta aquí desde la aldea para asesinarte. Esperé a que volvieras colina abajo, pero no bajabas, y tu guardia me descubrió y me hirió».

«¿Pero por qué? ¿Por qué habrías de querer hacer tal cosa?», dijo el rey, desconcertado.

El desconocido explicó que vivía en el reino vecino, que años antes se había enfrentado a la patria del rey en una guerra. «Mi hermano murió en aquella guerra», explicó el hombre. «Y yo perdí mi hogar. De modo que juré venganza contra ti. Pero ahora me has salvado la vida y veo que estaba equivocado con respecto a ti. Si me aceptas, me gustaría ponerme a tu servicio y ser tu leal súbdito».

El rey estaba tan impresionado por el giro de los acontecimientos que perdonó enseguida al desconocido. Después corrió colina abajo para reunirse con sus servidores, que lo condujeron de vuelta a su reino, pero no sin que antes el rey prometiera un hogar a aquel hombre. También hizo que los mejores médicos atendieran al hombre y se aseguró de que recobrara por completo la salud.

Cuando se llevaron al herido, el rey se quedó de pie, todavía en estado de *shock* por todo lo que había ocurrido. Suspiró y después miró al ermitaño. «Bueno, no he conseguido ninguna respuesta de ti, pero al menos hemos salvado la vida de ese hombre». Cuando se giró para marcharse, el ermitaño finalmente habló: «¡Pero Rey, ya has conseguido las respuestas a tus preguntas!

«¿Sí?», dijo el rey con expresión confundida.

«Sí», asintió con la cabeza el ermitaño. «Si ayer me hubieses ignorado y dejado, ese hombre habría estado allí abajo esperando para matarte. Eso significa que el tiempo que pasaste trabajando en mi jardín fue crucial. Que te apiadaras de mí por la edad significó que en ese momento yo era la persona más importante. Y tu tarea esencial fue ayudarme. Después, por la tarde, cuando el hombre herido cayó a tus pies, la acción imperativa fue salvarlo. ¿No lo ves? El «ahora» es el único momento que importa. Nadie tiene control sobre ningún momento, salvo sobre este. Ninguno de nosotros posee ni adquiere el futuro, que es la razón por la cual la persona que más importa es la que está a tu lado. Justo aquí. Justo ahora. Por último, ¿qué debe esforzarse en hacer en todo momento? Haz lo que puedas para garantizar la felicidad de quien tienes delante de ti. ¿Quién puede decir si volverá a presentarse una oportunidad así en el futuro?

Reflexiona un momento sobre este relato. ¿Cuáles son tus sensaciones? ¿Qué piensas? ¿Cómo aplicarías el consejo de Tolstoi cuando te enfrentas a gente difícil en la vida, a personas que te causan mucho dolor y desarreglo emocional?

EL DON DE LAS PALABRAS AMABLES Y DE LA PRESENCIA COMPASIVA

Hemos considerado ya el modo en que el maltrato verbal daña el cerebro. Diversos estudios muestran que las palabras cálidas, suaves y reconfortantes tienen el efecto contrario, es decir, silencian el detector de humos del cerebro y lo preparan para sentimientos de mayor confianza, seguridad y certeza. Los psicólogos que estudian el proceso se refieren al mismo como imprimación (*priming* en inglés) de seguridad. La idea es que es posible imprimar o preparar a alguien para sentir o pensar de una determinada manera. La mecánica ofrece en este sentido un ejemplo ilustrativo. Muchas motocicletas y vehículos antiguos requieren unas vueltas adicionales del regulador de gasolina o el bombeo repetido del pedal del acelerador antes de girar la llave de ignición. Una vez que el motor está impregnado o cebado con gasolina, las bujías pueden hacer su trabajo y encender el motor.

El proceso de imprimación de seguridad funciona en gran parte de esta misma manera. Prepara la mente para soltar chispas de sentimientos positivos después de exponer a las personas a palabras, bien sea a través de la lectura, la visualización o la audición. Se ha puesto de manifiesto que la imprimación de seguridad actúa incluso de manera subliminal, aunque en ese caso no es tan eficaz. La imprimación a través de las palabras tiene numerosos efectos.

Se ha demostrado su utilidad en individuos que sufrieron en el pasado algún tipo de traumatismo infantil. Incluso individuos recelosos y con una historia de conflicto colectivo —como palestinos e israelíes— pueden llegar a ser menos desconfiados cuando se les expone a palabras de imprimación de seguridad que tienen que ver con la tolerancia y la protección. En *Attachment in Adulthood*[3], los investigadores Mario Mikulincer y Phillip Shaver examinan el modo en que palabras como *cercanía, amor* y *cuidado* pueden ayudar a adultos que sufren ansiedad, evitación o ira al tratar de comunicar sus necesidades. Como resultado de la exposición a palabras de imprimación, estos individuos llega a sentir más confianza, seguridad y tranquilidad, especialmente si se enfrentan a alguna situación difícil. Un estudio publicado en la revista *Journal of Personality and Social Psychology*[4] encontró que la persona que se siente más segura gracias al uso de técnicas de imprimación muestra en mayor medida compasión, comportamientos de atención hacia los demás y conducta altruista.

¿Sentiste el efecto de la imprimación después de leer «Las tres preguntas»? Tal vez sí, aunque hay que decir que todos somos objeto de imprimación, para bien o para mal, por parte de los medios a los que nos hallamos expuestos de manera continua, en forma de anuncios, videojuegos, violencia, noticias, deportes, etc. La cuestión es que esa imprimación afecta a la manera en la que pensamos, sentimos y actuamos. Es una de las formas en las que aprendemos. Sabiendo esto, ¿por qué no nos aplicamos a nosotros mismos esa imprimación de seguridad y por qué no la aplicamos también a los demás mediante historias de amor, atención y generosidad?

Simplemente el estar presente con alguien de un modo atento y agradable puede considerarse una forma de imprimación de seguridad que ayuda a los demás a sentir confianza. Puede que no esté dentro de nuestras posibilidades hacer a alguien feliz, pero sí podemos ofrecer nuestra presencia compasiva. El origen de la palabra *compasión* es «estar con el sufrimiento de otros».

¿Conoces a alguien que no haya sufrido *nunca*? Si tienes un cuerpo humano y una mente humana, entonces con toda seguridad habrás experimentado pérdida, dolor y tristeza en la vida. No pretendo ponerme tristón. Simplemente es así. Pero esto no es todo. Este conocimiento nos une. Significa que tú y esa persona que camina por la calle no sois tan diferentes. Puede además darnos el coraje necesario para aceptar las pérdidas y apreciar en profundidad el momento presente, especialmente con la persona que está a nuestro lado.

El relato de Tolstoi nos recuerda que todos poseemos un auténtico don, que además podemos ofrecer a los demás. Y una vez más, ¿cuántos de nosotros eligen intencionadamente sentarse con otros de modo compasivo, donde las palabras no son necesarias? Es demasiado fácil dejarse llevar por el piloto automático cuando estamos con otra persona. De hecho, los psicólogos han identificado la tendencia del ser humano a los atajos mentales. Esto puede tener algunas ventajas, pero también puede llevar a juzgar de forma precipitada a la gente. En el modo de piloto automático, es posible que pasemos por alto la belleza y la singularidad del otro. El piloto automático puede ofrecer sensación de seguridad, pero se trata de una seguridad superficial.

¿Cuál fue la última vez que te sentaste con otra persona, sin nada programado más que ofrecer compasión? En mis talleres, después de la presentación de «Las tres preguntas» de Tolstoi, propongo el siguiente ejercicio. Todo el mundo busca pareja. Después, durante tres minutos, las parejas se sientan en silencio, mirándose a la cara de dos en dos. Cuando describo lo que vamos a hacer, percibo la inquietud inicial. Pero recuerdo a la gente que no es cuestión de mirar fijamente, sino que es una oportunidad para estar con otro ser humano de un modo profundamente relacional, abierto y comprensivo. ¿Cómo responden habitualmente los participantes en este ejercicio? ¿Cómo piensas que responderías tú? Yo he visto de todo, desde parejas que a duras penas podían contener la risa, hasta personas que evitaban la mirada del compañero y otras que decían que había sido una experiencia profundamente trascendental, similar a mirarse en un espejo.

Prueba tú mismo el ejercicio, si lo deseas. Si lo haces, asegúrate de que tu pareja entiende el ejercicio y está honestamente dispuesta a realizarlo. Es mejor no tener expectativas; la opción de comentar después la experiencia es cuestión vuestra. Si lo prefieres, basta con que simplemente reflexiones sobre el relato de Tolstoi, compartiendo quizá tu punto de vista con la siguiente persona a la que vayas a ver o con la que te relaciones de algún modo. Observa si ello cambia la manera de expresarte y de apreciar a la persona con la que te encuentras en este momento.

HERRAMIENTA PARA LA VIDA
Preparación para una comunicación amable y respetuosa

Las palabras son las herramientas con las que fortalecemos nuestras relaciones y preparamos a otros para que sientan seguridad. El hablar con sensatez prepara el camino para la confianza; el hablar de manera irreflexiva y desconsiderada produce dolor y separación de los demás. Las palabras que provienen de la impaciencia, la ira, la reactividad y la exigencia pueden alejar a los demás de ti. Si has estado en el extremo receptor de este proceso (¿y quién no?), sabrás lo doloroso y nocivo que puede ser para tus relaciones.

He aquí cinco aspectos de un discurso sensato y amable que implica a los demás:

1. **Habla en el momento oportuno.** Más veces que menos, esto puede equivaler a *no* hablar, especialmente en esos momentos

en los que te sientes deprimido o a la defensiva. Puede ser más inteligente calmarte tomándote un breve descanso. Vuelve cuando seas capaz de hablar desde una perspectiva más tranquila, cuando puedas expresarte sin poner por delante un argumento o una diferencia de opinión.

2. **Habla con honestidad.** La honestidad es la piedra angular del discurso sabio y auténtico, porque desarrolla la confianza. Esto significa también mirar en el interior de uno mismo y deshacerse de los obstáculos que se oponen a la honestidad, como la envidia, la avaricia y el egoísmo. Por otro lado, esto no significa justificar o decir algo hiriente amparándose en que se está siendo «honesto». Eso sería simplemente ser desagradable y mezquino.

3. **Habla con amabilidad y afecto.** Independientemente de lo que digas, puedes esforzarte en expresarlo con amabilidad y en un tono agradable. Es importante expresar tus sentimientos, pero si no pueden hablar serenamente, entonces espera hasta que seas capaz de utilizar palabras suaves y amables.

4. **Habla de un modo beneficioso.** Piensa y ten cuidado con lo que dices. Asegúrate de que tus palabras aportan beneficio, apoyo y compasión. Esto significa que es importante no cotillear ni utilizar las palabras como armas.

5. **Habla con intención y desde el corazón.** Procura hablar de un modo respetuoso, sin insultar ni criticar, incluso si no estás de acuerdo con la otra persona. Así todas las partes son escuchadas y pueden sentirse comprendidas. Esto no significa que no puedas defenderte del maltrato verbal, pero fomenta y profundiza en la amistad siempre que sea posible.

Para terminar con esta herramienta para la vida, reflexiona sobre las siguientes preguntas:

- ¿Cuál es el mayor reto que supone el hablar de forma sensata y amable, en casa y en el trabajo?

- ¿Cómo puedes aplicar la imprimación de seguridad mediante el uso de palabras calmantes que te ayuden a estar más en paz con los retos a los que te enfrentas en la vida?
- ¿Qué palabras o historias incluirías en tu imprimación de seguridad?
- ¿De qué forma, aunque te parezca insignificante, puedes ser más transparente y genuino en relación con tus sentimientos?

Capítulo 8

SEMBRANDO SEMILLAS DE AMISTAD

Recuerda, el camino nunca es tan arduo como parece;
solo la resistencia lo hace así.
Muchos maestros caminan ahora entre vosotros,
y tú eres un maestro para muchos.
Te conviertes en mensajero angelical
cuando envías amor a un desconocido.

FRANK COPPIETERS, *Handbook for the Evolving Heart* [1]

¿TIENES una película favorita «de colegas»? Casi todos los géneros cuentan con películas sobre la amistad, desde el cine de terror, de deportes y los westerns hasta las películas animadas y de ciencia-ficción para niños. Existen ejemplos memorables de amistad en el cine y la televisión, que muestran cómo personalidades opuestas pueden superar sus conflictos y crear relaciones duraderas de amor: Capitán Kirk (humano) y Spock (vulcano) en *Star Trek*; Shaun (vivo) y Ed (zombi) en *Zombies party*; Harry (tonto) y Lloyd (el otro tonto) en *Dos tontos muy tontos*; Jerry (desesperado representante de deportistas) y Rod (codicioso jugador de fútbol americano) en *Jerry Maguire*; Laura (a punto de casarse) y Amelia (soltera infeliz) en *Walking and Talking*; Murtaugh (detective de la policía veterano) y Riggs (detective suicida) en

Arma letal; Jeff (el nota) y Walter (el enrollado) en *El gran Lebowski*; Felix (obsesionado con la limpieza) y Oscar (super dejado) en la serie de televisión estadounidense *The Odd Couple*; Woody (clásico *cowboy* de juguete) and Buzz (juguete futurista) en *Toy Story*; Jesse (chico) y Willy (orca) en *Liberad a Willy* y el trío de Hogwarts compuesto por Harry, Hermione y Ron en *Harry Potter*. Algunas de estas relaciones hacen que historias como la de Cecilia Carol y Hillary, amigas de toda la vida en *Eternamente amigas*, parezcan de lo más corriente.

El rasgo que tienen en común todas estas amistades de película es la conexión y el profundo vínculo forjado a lo largo del tiempo y que solo los amigos de verdad comparten. Con los amigos, bajas la guardia y permites que los demás vean tu verdadero yo. Aunque hacer esto puede dar miedo, tiene verdaderos efectos beneficiosos. Pero, antes de nada, consideremos el caso contrario. ¿Qué ocurre si nos aislamos y no tenemos amigos o una red de apoyo? Es posible que tengamos buenas razones para hacer esto pero ¿cómo afectará a nuestra vida?

Ocurre que el aislamiento afecta negativamente a nuestra salud física y emocional. Los estudios muestran que no tener una red de familiares o amigos puede ser tan malo para nuestra salud como ser alcohólico, fumar quince cigarrillos al día o ser obeso. Un extenso metaanálisis revisó 148 estudios distintos (con más de trescientos mil participantes) para evaluar la manera en la que las relaciones sociales influyen en la salud y en la tasa de mortalidad. El estudio, publicado en la revista *Public Library of Science Medicine*, llegó a la conclusión de que «La influencia de las relaciones sociales sobre el riesgo de mortalidad es comparable a los factores de riesgo establecidos»[2]. De hecho, tenemos un 50 por ciento más de probabilidad de vivir más tiempo si contamos con un fuerte apoyo social.

Otros estudios señalan que, a medida que nos hacemos mayores, la amistad va siendo todavía más esencial. Un estudio llevado a cabo en Australia y publicado en la revista *Journal of Epidemiology and Community Health*[3] realizó un seguimiento de más de cuatrocientos individuos de setenta años o mayores durante un periodo de diez años. Después de controlar variables como la salud y el estilo de vida, encontraron que la red social del individuo actuaba como factor de protección, incrementando los índices de supervivencia a edades avanzadas.

Ya se sabe que «Desgracia compartida, menos sentida», pero ¿qué ocurre con la felicidad? ¿Puede la amistad afectar a tu estado emocional? Resulta que la felicidad no solo ama la compañía, sino que realmente es contagiosa. En el primer estudio realizado para investigar la manera en la que emociones como la felicidad se propagan indirectamente, investigadores de la Escuela de Medicina de Harvard y de la Universidad de California, en San Diego, utilizaron datos para realizar un seguimiento de cuatro mil quinientos individuos y sus cincuenta mil conexiones familiares y sociales. Descubrieron que la felicidad se había propagado por contacto, como se contagia un resfriado [4]. Los datos mostraron que si uno de nuestros amigos es feliz, nosotros tenemos un 15,3 por ciento más de probabilidades de ser felices. Y si nuestro amigo tiene un amigo feliz, eso aumentará en un 9,8 por ciento nuestra probabilidad de ser feliz. Además, la felicidad se propaga más fácilmente por proximidad geográfica. Si amigos y familiares viven lejos o en otra ciudad, la amistad tendrá en tal caso escasa influencia sobre nuestra felicidad. Quienes viven más cerca tienen mayor influencia sobre nosotros. Además, el contacto cara a cara produce un mayor grado de felicidad que la conexión con los demás por teléfono o internet.

CUALIDADES QUE ALIMENTAN LA AMISTAD

Lloyd, un hombre de cincuenta años, vino a verme por un proceso de duelo sin resolver tras la pérdida de su padre. Su caso era todo un ejemplo de persona que vive sola y aislada. «Pienso en él todo el tiempo», me dijo Lloyd. Me explicó que, a medida que la salud de su padre fue empeorando, él fue dedicando cada vez más tiempo a su cuidado. Su padre vivía a cientos de kilómetros de distancia, de modo que Lloyd tomaba el vuelo de la noche todos los viernes para poder pasar los fines de semana con él. El domingo por la tarde regresaba a casa. Lloyd llevó esta vida durante tres años, hasta que su padre murió. Me conmovían su preocupación y dedicación admirables, pero el inconveniente era que Lloyd había ido perdiendo su círculo de amistades. Ahora tenía un agujero en su red de apoyo social.

«Para poder estar con mi padre», me explicó, «dejé de ver a mis amigos. Los amigos de mi padre, que eran todos mayores, pasaron a ser mis amigos. Algunos de ellos ya han muerto, también». Tras fallecer su padre, Lloyd pasó tres años aislado, no haciendo otra cosa más que acudir al trabajo. Nunca restableció su red social. Hablamos entonces de que tener amigos y compartir historias sobre su padre con otras personas podía ayudarle a superar su pena. Él estaba de acuerdo en que sería de ayuda, pero no sabía por dónde empezar. En lugar de recrear el círculo de amistades, le pregunté por cómo había conectado con otras personas en el pasado. Descubrí que hacía amigos a través de actividades deportivas, como jugar en una liga de baloncesto de adultos.

Entre los dos localizamos varios equipos de baloncesto en su zona. Después Lloyd hizo varias llamadas para tener más información. Y, cuando se implicó en actividades fuera del trabajo, empezó a hacer amistades. El hecho de conectar con más gente de un modo positivo ayudó a Lloyd a superar el dolor y a seguir adelante. La amistad tiene el poder de ayudarnos a curar las heridas y pérdidas del pasado.

¿Qué te aportan en la vida tus amigos? Tómate un momento para reflexionar sobre la amistad en tu vida, pasada y presente. Repasa la lista que te propongo a continuación y toma nota de las cualidades que hacen que te sientas feliz, seguro y confiado. ¿Qué amistades muestran algunas o muchas de estas cualidades?

Si has atesorado una amistad que terminó o cambió de manera dolorosa, mira si puedes rodearte de sentido de autocompasión. De este modo haces sitio a tu experiencia, ya sea tristeza, dolor o desacuerdo.

- Los amigos nos aceptan como somos, a pesar de nuestros defectos y nuestras notorias diferencias.
- Los amigos pueden plantear desafíos cuando necesitamos crecer y aprender.
- Los amigos valoran lo que decimos.
- Los amigos comparten nuestros intereses y sacan lo mejor de nosotros.
- Los amigos se alegran de verdad por nuestros éxitos y nuestro crecimiento.
- Los amigos escuchan nuestros secretos y no nos juzgan.
- Los amigos permanecen lealmente a nuestro lado, en lo bueno y en lo malo.
- Los amigos se preocupan por nosotros profundamente.
- Los amigos nos brindan apoyo y actúan como recursos.
- Los amigos nos cubren las espaldas y hacen que nos sintamos seguros y protegidos.
- Los amigos comparten sus más íntimos sentimientos y emociones.
- La amistad puede tornarse más profunda con los años.
- Los amigos pueden ser nuestros mentores, guías y maestros.
- Los amigos nos proporcionan sentido de camaradería y de pertenencia.
- Los amigos nos ayudan a sentirnos vivos y alegres al compartir experiencias de la vida.

El sencillo gesto de analizar tus relaciones de amistad requiere fuerza de penetración personal. Si quisieras hacer más amigos, deberías imaginarte a ti mismo ofreciendo a otro las cualidades arriba expuestas. De existir una receta óptima para cultivar amistades magníficas y duraderas mediante el acto de dar —no de recibir—, mi voto sería para estas líneas de la oración de San Francisco de Asís.

> *Donde haya odio, siembre yo amor;*
> *donde haya ofensa, perdón;*
> *donde haya duda, fe;*

donde haya desesperación, esperanza;
donde haya oscuridad, luz;
donde haya tristeza, alegría...
Concédeme que pueda no tanto
buscar consuelo, como consolar;
ser comprendido, como comprender;
ser amado como amar;
porque dando es como recibimos.

LAS TRES SEMILLAS DE LA AMISTAD

Mi primer trabajo al acabar la universidad fue en la empresa familiar y, a decir verdad, no era de mi agrado. Era un trabajo administrativo y la oficina se encontraba en el centro de Chicago, a un buen rato en coche por la autovía desde el Northwest en hora punta. Uno de los pocos elementos interesantes de la oficina era un tal Hugh. Era muy distinto a toda la gente que había conocido hasta entonces en mi joven vida. Llegó a la empresa como consultor para reformar el viejo sistema de contabilidad de la compañía.

Eran los primeros tiempos de los ordenadores y Hugh tenía tanto entusiasmo y mostraba tanta energía en relación con utilizar la informática para actualizar el proceso de contabilidad que resultaba contagioso, aunque no para mi padre y su socio en el negocio. Cuando Hugh propuso cambiar algunas de las prácticas habituales de la oficina, fue rebatido en cada una de sus propuestas. Me sentía mal por él. Habíamos ido a comer juntos y me había hablado de su amplia experiencia, como cuando fue vicepresidente de una importante empresa de ferrocarril. Aunque era unos treinta años mayor que yo, nos hicimos amigos. Tenía un espíritu luminoso, que me ayudó mucho en unos momentos en los que me sentía perdido e inseguro con respecto a mi futuro.

Hugh había pasado por algunos momentos difíciles, como un divorcio y problemas económicos. Yo todavía vivía en casa de mis padres y estaba ahorrando para poder compartir apartamento con un amigo de la universidad. Uno de esos días Hugh me pidió prestados quinientos dólares. Era mucho dinero para mí, pero se lo di. Cuando se lo mencioné a mi padre, se quedó boquiabierto y dijo: «No volverás a ver ni un céntimo de ese dinero. Está arruinado y me debe un dinero que probablemente no volveré a ver jamás». Para acortar la historia, diré que Hugh saldó su deuda conmigo como me había prometido. Él sabía que lo necesitaba y el caso es que yo en ningún momento dudé de que me lo fuera a devolver. Cuando mi padre supo que Hugh me había devuelto el dinero, se quedó atónito.

Me sentía en paz con la decisión de haber prestado dinero a Hugh. Como amigo, acepté que haría todo lo posible por devolvérmelo, y me bastaba con eso. Actué por compasión, porque mi amigo tenía una necesidad. Mirando ahora hacia atrás me doy cuenta de que Hugh y yo habíamos plantado las tres semillas de la amistad: confianza, aceptación y empatía.

HERRAMIENTA PARA LA VIDA
Planta semillas de confianza, aceptación y empatía

Lee las descripciones de las tres semillas y después reflexiona sobre ellas o responde a las preguntas al final de esta herramienta para la vida.

Semilla de confianza

La confianza es esencial en cualquier relación, porque sin ella no existe relación, no existe sensación de reciprocidad ni de seguridad. He aquí tres maneras de cultivar la confianza.

1. **Haz caso a tus entrañas.** Escucha tu interior por si existieran señales de alerta, como una sensación de constricción o una pe-

queña pregunta o duda en tu mente. Si existe una señal de advertencia que te dice que no estás seguro, siempre puedes frenar la marcha hasta que esas dudas o preguntas queden resueltas.

2. **No metas prisa a la confianza.** La confianza tarda en crecer. Una razón por la que a menudo las personas salen heridas de las relaciones es que revelan demasiado de sí mismas muy pronto, antes de saber realmente si la otra persona es digna de su confianza. En la sala de terapia existen unas directrices éticas de confidencialidad pensadas para proporcionar seguridad y confianza a los clientes. En las relaciones también son necesarias esas directrices, aunque no estén plasmadas en una declaración profesional sobre revelación de información. Una nueva amistad puede resultar divertida y emocionante, pero hay que dejar que crezca de manera natural. Un gran roble no crece de la noche a la mañana.

3. **Sé honesto y transparente.** Ser honesto no significa calentarle a alguien la cabeza con tu versión personal de la «verdad». Significa ser genuino y no engañar. Significa que tu amigo puede contar con lo que dices y haces.

Semilla de aceptación

La aceptación es la segunda semilla que alimenta la amistad. Es en gran medida una actitud, que implica el reconocimiento de que nadie es perfecto. Ni siquiera tu amigo del alma. He aquí tres directrices para el desarrollo de la aceptación.

1. **Date cuenta de las debilidades —las tuyas y las de los demás— sin ser demasiado estricto.** La aceptación no significa que aceptamos el abuso, sino que podemos ser más tolerantes y abiertos. Aceptar significa dejar más espacio a tus amigos, de manera que puedan sentirse aceptados simplemente por ser ellos mismos.

2. **Brinda tu apoyo y comunica felicidad a tu amigo.** La amistad no es una competición, sino un modo de ofrecer apoyo. Demostrar alegría por el éxito de tu amigo es como ser mascota o animadora en un partido, incluso cuando las decisiones de tu amigo no son las que tú tomarías.

3. **Practica el perdón para aquellos momentos en los que es posible que tu amigo no sea del todo perfecto.** Un amigo puede decepcionarte, pero puede seguir siendo un amigo de confianza. El perdón puede ayudarte a superar la desilusión y la ira, una maravillosa manera de aprender a dejar pasar y dejar ser.

Semilla de empatía

La empatía nos permite establecer una conexión profunda con nuestros amigos. Podemos sentir sus necesidades y compartir sus emociones, desde compasión hasta alegría. La empatía es la puerta a la intimidad, al amor y al cuidado de los demás. He aquí tres métodos para aprovechar el poder de unión de la empatía.

1. **Sintoniza y conecta con tu amigo, y escúchale.** La actitud de ponernos del lado de los sentimientos y del estado emocional de otro nos permite saber qué es lo que está sintiendo. Si un amigo está triste, conecta con él escuchando su historia y sintiendo su tristeza, en lugar de hablar de ello. La sintonía desarrolla cercanía. Después siempre podrás comentar de forma racional las emociones de tu amigo.

2. **Respira despacio y toma conciencia de tu cuerpo.** La respiración te permite salir de tu cabeza y estar muy presente con tu amigo en ese momento. Sentir lo que otro está sintiendo crea un fuerte vínculo de comprensión.

3. **Déjate llevar por la alegría con tus amigos.** Para algunos los amigos se convierten en objetivo fácil con quien hablar de las preocupaciones y las quejas de la vida. Sí, los amigos pueden

ayudarte a superar el dolor, pero la amistad consiste en compartir el menú completo de las emociones de la vida. Como nos recuerda el sabio poeta Rumi «La gente quiere ser feliz. ¡No sigas sirviéndoles tu dolor!» [5].

Ahora, hazte las siguientes preguntas:

- ¿Cómo he conseguido mis amistades? ¿Qué semillas hacen que mis amistades sean más fuertes y duraderas?
- ¿Cuáles de estas semillas pueden ayudarme a que mis amistades sean más completas?
- ¿Qué semilla podría plantar para una amistad nueva o existente?
- ¿Qué pequeña acción permitiría a mis amigos saber que confío en ellos, les acepto y me siento empáticamente unido a ellos?

Capítulo 9

POR EL PLACER
DE ESCUCHAR

Puedes hablar y hablar, pero cuanto más hables, peor será; más te alejarás de la verdad.

GEORGE WASHINGTON CARVER [1]

En la televisión abundan los programas de entrevistas y debate, en los que se habla mucho, pero no hay programas en los que se escuche. Tanto hablar como escuchar son actos necesarios para comunicarse pero, por alguna razón, hablar parece mucho más «sexi». Cuando hablas, «atraes» la atención de alguien, «das» tu opinión, en lugar de recibir las opiniones y los pensamientos de otros. Los grandes actores y oradores «toman el mando» sobre el escenario. ¿Qué es más importante para ti, hablar o escuchar? ¿De qué dependes tú en mayor medida? ¿Qué es lo que te hace sentir bien?

Para ser honestos, puede que hablar haga que nos sintamos mejor, especialmente si estamos hablando de nosotros mismos. No hace falta más que echar un vistazo a Twitter o a Facebook donde, según algunos estudios, más del 75 por ciento de todos los posts son publicaciones de experiencias subjetivas e inmediatas de alguien. Investigadores de la Universidad de Harvard quisieron comprender esta necesidad humana y utilizaron una combinación de formación de imágenes cerebrales y métodos cognitivos para comprender lo que sucede en el cerebro cuando nos abrimos a los demás. Los participantes en el estudio podían ganar pequeñas sumas de dinero hablando acerca de las opiniones de otra persona, así como de temas neutrales. O podían perder esta potencial suma de dinero hablando sobre sus propias opiniones, sus sentimientos y experiencias personales. Publicado en el *Proceedings of the National Academy of Sciences*, el estudio llegó a la conclusión de que la gente prefiere hablar de sí misma que ganar dinero[2]. ¿Por qué resulta tan satisfactorio hablar de uno mismo? Los investigadores se dieron cuenta de que la revelación de uno mismo estimula el sistema de placer, satisfacción y recompensa del cerebro, el mismo sistema que se activa con la comida, el sexo, las drogas y el dinero. Y sin embargo, el acto de hablar, de por sí, aporta poco a una mayor comprensión y a una comunicación auténtica. Solo escuchando podemos acceder de verdad al mundo interior de los demás.

¿Qué significa *escuchar de verdad, de verdad*? George Washington Carver, que puede considerarse como el Thomas Edison del mundo de las plantas, descubrió más de trescientos usos del cacahuete. La herramienta secreta de Carver era escuchar. Se levantaba muy temprano por la mañana, tomaba un desayuno frugal y en torno a las 4 a.m. podía estar contemplando sus cacahuetes y otras plantas que estudiaba. «Hay ciertas cosas», dijo, «a menudo cosas insignificantes, como un pequeño cacahuete, un pedacito de arcilla o una florecilla, que hacen que mires *dentro*, y es entonces cuando estás viendo el alma de las cosas».

Como Carver llegó a comprender, escuchar no es una actividad pasiva. Y se realiza mejor como actividad única. De este modo ofrecemos con plena conciencia, respeto e intención nuestra presencia y atención a la otra persona. Si estamos escuchando solo a medias, como cuando conversamos al mismo tiempo que tecleamos un mensaje de texto o trabajamos en el ordenador, equivale a dar la espalda o caminar alejándonos de la persona a la que tenemos delante.

LIMPIAR LA BASURA EMOCIONAL
PARA ESCUCHAR MEJOR

Cuando nos sulfuramos porque nos dejamos llevar por viejas maneras de reaccionar —especialmente las desencadenadas por basura emocional ligada a personas que conocemos bien— la capacidad de nuestro cerebro para escuchar se bloquea. Un ejemplo es para mí Beth, una mujer de treinta y cinco años que se sentía con frecuencia criticada por su madre. «Si les doy libertad a mis hijos», me contaba, «mi madre me acusa de ser negligente. Si ayudo a mis hijos con las tareas de la escuela o planifico actividades para ellos, me dice que soy una "mamá helicóptero". Nunca lo hago bien».

Siempre que su madre la llamaba, el sistema defensivo de Beth se ponía en estado de alerta. Se sentía tensa y a menudo se molestaba o enfadaba. Beth se convirtió en una víctima de la programación de supervivencia de su cerebro. Esto sucede porque el cerebro está programado para reaccionar a la defensiva ante cualquier amenaza, aunque solo sea una percepción de amenaza o una amenaza a nuestro ego. (Por supuesto, si estuviéramos menos apegados a nuestro ego, tendríamos menos razones para estar a la defensiva.)

Para comprender este concepto, tenemos que entender el modo en que el cerebro procesa lo que escuchamos. El sonido viaja desde el nervio auditivo hasta el centro de procesado verbal en el cerebro —conocido como área de Wernicke—. Pero en primer lugar, el detector de humos del cerebro (la amígdala) recibe ese estímulo. La amígdala intercepta las señales procedentes de todos nuestros sentidos —vista, oído, tacto, gusto, olfato e incluso de los músculos del cuello— con objeto de detectar cualquier posible amenaza. En el caso de Beth las críticas de su madre ponían en marcha su sistema defensivo, que a su vez bloqueaba su capacidad de escuchar y responder en el momento.

¿Por qué estamos programados de este modo? Todo tiene sentido si tenemos en cuenta nuestros inicios evolutivos, cuando responden de forma automática al rugido de un tigre en la jungla podía salvarte la vida. Hoy en día nuestro sistema de supervivencia no conoce la diferencia entre una discusión, una evaluación de trabajo, una reñida reunión de personal, un comentario crítico... o un tigre hambriento.

Para ayudar a Beth a superar su programación, le di cuatro sencillas instrucciones. Estaban pensadas para sacarla de la vieja rodada de basura emocional que activaba su sistema de defensa y para permitirle escuchar. Gracias a este método fue capaz de escuchar más allá de las palabras y encontrar un nuevo significado en la comunicación con su madre.

1. **Abandona toda suposición sobre la persona para esta conversación.** Pedí a Beth que dejara a un lado intencionadamente su vieja manera de reaccionar mientras durara la conversación. Siempre podría volver a ella más tarde.

2. **Sintoniza con el fondo emocional de las palabras de la otra persona, prestando atención al tono de voz, al lenguaje corporal, a los gestos y a la expresión facial.** La razón de ello era que Beth no quedara atrapada por el discurso de su madre, sino que llegara al sentimiento profundo de lo que realmente estaba expresando.

3. **Siente curiosidad por la persona con la que te estás comunicando.** Con esto, quería que Beth rompiera su vieja forma de relación familiar, imaginando que estaba hablando con un desconocido interesante. Al percibir a su madre como si la acabara de conocer, Beth podría liberarse de sus previsiones y vivir la experiencia de un modo menos personal.

4. **Nota si tus pensamientos sobre la persona son precisos o automáticos.** El objetivo de esto era ayudar a Beth a crear cierta distancia constructiva con respecto a sus pensamientos, así como aprender a apreciarlos. Al considerar la exactitud de sus pensamientos en el momento, estaba preparándose para cambiar de rumbo, en lugar de responder de forma automática.

Cuando Beth regresó a la consulta, me mostró una visión muy diferente de su madre. «He escuchado algo muy diferente al hablar con ella. He percibido soledad. Ahora pienso que está intentando conectar conmigo, pero que no sabe cómo hacerlo. Me ha entristecido darme cuenta de lo sola que está. Por primera vez desde hace mucho tiempo, he sentido compasión por ella.»

Mediante el ejercicio arriba propuesto Beth aprendió la importante habilidad de la atención plena o *mindfulness* dentro de la metacognición —reflejando interiormente que apreciaba sus pensamientos y críticas. En el campo de la educación la metacognición ha sido reconocida hace ya tiempo como medio de aprendizaje. Con la metacognición podemos analizar nuestro pensamiento, en lugar de saltar a las conclusiones. Esta habilidad de *mindfulness* nos permite dar un paso atrás y distanciarnos de nuestros pensamientos.

En el contexto de escuchar la metacognición ofrece un distanciamiento constructivo de la reactividad. Nos permite revisar *la manera* en que estamos pensando acerca de algo. Por ejemplo, al detectar la inexactitud de nuestra apreciación de una situación o conversación, podemos cambiar de rumbo sobre la marcha. Podemos decidir si formular una pregunta esclarecedora o incluso desafiar nuestro pensamiento automático.

¿Has experimentado alguna vez el pensamiento robótico condicionado? Los juicios predeterminados se producen tan rápidamente que nos saltamos el paso de reflexionar y reconsiderar. Personalmente recuerdo una vez en la que un compañero terapeuta y amigo me propuso escribir un libro con él. Le respondí de forma refleja con un rápido «no». Pero un momento de reflexión me ayudó a reconocer la respuesta refleja, robótica. Justo allí y en ese momento me disculpé por mi apresurada respuesta y le pedí que compartiera conmigo su idea. Gracias a una reflexión plenamente consciente, fui capaz de escuchar, de estar totalmente presente y de evitar mi vieja basura emocional condicionada.

ENTREGARSE A UN CONOCIMIENTO MÁS PROFUNDO

Si deseas llegar a ser completo,
quédate vacío.
Si quieres renacer,
déjate morir.

Lao Tsé, *Tao Te Ching*[3]

¿Cómo está de llena tu copa cuando hablas con alguien? Si tu copa está rebosante de tus propias opiniones, de tus pensamientos e ideas, puede no haber más espacio para lo que otros tienen que compartir o que añadir. ¿Has intentado alguna vez compartir algo con alguien cuya copa estaba demasiado llena para poder oírte? La habilidad de escuchar es un arte antiguo. Fue perfeccionándose a través de una práctica contemplativa utilizada en origen por monjes del desierto en los siglos II y III. Se trataba de la llamada Lectio Divina, una manera de vaciar tu copa y entregarte a nuevas y más profundas formas de recibir, escuchar y entender. Si bien la traducción literal sería «lectura divina», Lectio Divina tiene que ver en realidad con escuchar la lectura sagrada.

La Lectio Divina consiste en renunciar a nuestras viejas creencias para alcanzar una comprensión más profunda de nuestra historia y de las historias de otros. La lectura sagrada, o cualquier práctica de escucha contemplativa, cambia el modo en que experimentamos nuestras historias. Mediante cualquier escrito, poesía, escritura o imagen cargada de significado, entregamos nuestro pensamiento racional y precondicionado y nos abrimos a un proceso de descubrimiento. El proceso incluye de forma característica la lectura de un pasaje corto una y otra vez —centrándonos lentamente en una frase corta o en una palabra que diga algo al lector— hasta la revelación de un significado más profundo. Es ese entendimiento revelado lo que te lleva a viajar a partes inexploradas de tu historia. La lectura se produce en ocasiones seguida de un proceso de indagación, como preguntarte a ti mismo: «¿Qué vi o escuché? ¿Qué debo hacer con mi nuevo conocimiento?»

En última instancia la Lectio Divina aporta sensación de aceptación y paz a tu propia historia, así como a las historias compartidas. Los indios nativos americanos, como los navajo, usan ceremonias, danzas y pinturas corporales para sanar y crear esta misma sensación de exploración y armonía. Cualquiera puede aprender a escuchar de esta manera sagrada. Vaciar nuestra copa de pensamientos preconcebidos y sentenciosos nos permite volver a llenarla en un momento dado con unas cuantas gotas más sabrosas, garantizando que siempre quede espacio. La herramienta para la vida que te propongo a continuación reúne las ideas de este capítulo, ofreciéndote un ejercicio diario que te permitirá escuchar con mayor profundidad y comprensión.

HERRAMIENTA PARA LA VIDA
¿Cómo escuchas?

Necesitamos formas nuevas de escuchar y comunicarnos en libertad que nos ayuden a ser más abiertos, creativos y comprensivos. Sea cual sea la basura emocional que pueda aparecer en tu camino durante una conversación o cualquier otro acto de comunicación, utiliza el acrónimo en inglés *HEAR* (escucha) para dar paso a una conciencia más espaciosa y menos a la defensiva. *HEAR* son las iniciales en inglés de: *Hold*, mantener todas las suposiciones, *Enter*, entrar en el mundo emocional; *Absorb*, absorber y aceptar; y *Reflect*, reflexionar, luego respetar.

H – Hold, mantener todas las suposiciones

Para entrar verdaderamente en un espacio de receptividad hacia otra persona, es importante dejar marchar las suposiciones mantenidas hasta ese momento. Vacía tu ego, y sé curioso. Vacía tu copa de basura emocional y de opiniones, incluso si te sientes personalmente criticado. Dejar a un lado las suposiciones significa que te encuentras en una misión de búsqueda de un hecho objetivo. No significa que no puedas abogar por ti mismo o protegerte a ti mismo. Adopta una actitud de curiosidad hacia esa persona. ¿Cómo habrá llegado él o ella a estas ideas? ¿Qué preocupaciones tiene esta persona? ¿Habla desde el miedo o la preocupación?

E – *Enter*, entrar en el mundo emocional

¿Qué ocurre cuando chocas con el estado de ánimo o las creencias de otra persona? Supongamos que dices a una persona enfadada: «Es una tontería estar enfadado. No estoy escuchando ni una palabra de lo que estás diciendo. Eso no ayuda. Pensarás mejor cuando te hayas calmado».

En lugar de dar una respuesta, de exigir o de dar una orden, que podría enfurecer a la otra persona, intenta entrar de manera empática en su mundo emocional. Entrar significa unirte a esa persona por un momento y sentir como si estuvieras en su piel. Puedes decir: «Nunca te había visto tan enfadado [o triste, molesto, frustrado, etc.] ¿Puedes ayudarme a entenderlo? De verdad que me gustaría saber cómo te sientes para poder trabajar en la resolución del problema». La empatía es similar al arte marcial del jujitsu, que utiliza la energía del contrario para desarmarlo, en lugar de oponerse directamente a la persona. En términos de ciencia cerebral, la empatía es como dar un abrazo a la amígdala de la persona descontenta.

Además, debes prestar atención al contenido emocional entrelíneas. El darte cuenta del lenguaje corporal, de los gestos y del tono de voz te permite crear una representación mental de cuál debe ser la sensación del otro. ¿Existe alguna impresión o algo no dicho que puedas expresar? Entrando en el mundo de la otra persona, podrás contactar mejor con ella.

A - *Absorb*, absorber y aceptar

Te acuerdas del juego del «teléfono estropeado», en el que un jugador susurra una frase a la persona que tiene a su lado en un círculo?

Cuando la frase llega a la última persona, generalmente tiene poco o nada que ver con la frase original. Es fácil malinterpretar lo que oímos y esta es la razón por la cual debemos escuchar con comprensión y actitud receptiva para absorber lo que otra persona nos está diciendo.

Piensa en el modo en que una esponja absorbe agua en una encimera. La esponja no solo extiende el agua de un lugar a otro. Absorber el punto de vista de otro a menudo requiere tiempo. Requiere realizar preguntas esclarecedoras. La absorción es un proceso de escucha, comprensión, cuestionamiento y reestructuración con tus propias palabras para asegurarte de que lo entiendes.

Podemos ser capaces de absorber lo que otros dicen, pero sin aceptación la absorción no perdura. La aceptación es necesaria para poder entregarnos a la perspectiva del otro. Aceptación no significa que debamos estar de acuerdo, sino que estamos abiertos a la forma de sentir de la otra persona.

R - *Reflect*, reflexionar, luego respetar

En el campo de la metacognición la reflexión es el momento de detenerse y mirar hacia el interior para pensar en lo que has oído. Puede que no estés listo para responder en ese preciso momento, y está bien hacer una pausa. La reflexión es un paso que te brinda espacio y amplitud para escuchar tu bondad y tu sabiduría interiores. A veces un buen paseo sin ánimo de encontrar respuesta es el mejor modo de reflexionar. Compartir tus preocupaciones con un benefactor sabio también puede ayudarte a reflexionar.

Cuando estés listo para responder, hazlo con respeto y amabilidad. No respondas si estás enfadado. Cuando tu corazón esté lleno de sensatez, amor y respeto, será el momento de hablar y de responder.

Capítulo 10

AMPLÍA TU TRIBU

Un ser humano es una parte de un todo, llamado por nosotros «Universo», una parte limitada en el tiempo y en el espacio. Se percibe a sí mismo, sus pensamientos y sentimientos, como algo separado del resto, una especie de ilusión óptica de su conciencia. Esta ilusión es algo así como una prisión para nosotros... Nuestra tarea debe ser liberarnos a nosotros mismos de esta prisión ampliando nuestro círculo de compasión para abarcar a todas las criaturas vivas y la naturaleza entera en su belleza.

ALBERT EINSTEIN [1]

ANTES del desarrollo de las ciudades estado, los seres humanos se organizaban en grupos sociales, a los que nos referimos como tribus. Hoy en día se considera una tribu cualquier grupo al que uno se encuentre vinculado y con el que comparta una serie de valores sociales. En este contexto las tribus (o grupos) pueden ser la familia, un grupo de amigos muy cercanos, un partido político, una congregación religiosa e incluso una cultura del lugar de trabajo. ¿Con qué «tribus» te identificas y conectas en mayor medida? No siempre elegimos nuestra tribu y a veces adoptamos la visión general del mundo de una tribu como si se tratara del Evangelio.

Párate un momento a considerar cómo ve a los demás los componentes de tu grupo o tribu. ¿Ven de un modo sospechoso a quienes tienen puntos de vista contrarios a los suyos? ¿Son abiertos y se muestran dispuestos a aceptar a los extraños? Cómo influyen en tu visión del mundo tus lealtades y tu obediencia a la tribu, entendiéndose como tal la familia, la cultura, la iglesia, el país, el grupo de amigos o la tribu del lugar de trabajo?

Seguramente habrás oído alguna vez el término «improntación», *imprinting* en inglés. Animales como los polluelos de ganso, de pato y de gallina establecen un vínculo con sus padres a muy temprana edad. Están programados para seguir el primer objeto que ven moverse en este mundo —habitualmente su madre— allá donde vaya. Este proceso se denomina *improntación* y es la forma en la que las crías aprenden importantes aptitudes de supervivencia. Los científicos saben desde hace tiempo que en las aves la improntación funciona también con seres humanos o con cualquier objeto, como muñecos o palos.

La improntación y los lazos que nos unen (*binding*) a la familia y a otros grupos tiene un importante papel a la hora de ayudarnos a sobrevivir. Pero ¿qué ocurre si las lecciones que te ofreció tu tribu fueron limitadas? Un ejemplo de ello es la historia dramatizada en la película *Volando libre*, en la que una bandada de polluelos de ganso canadiense son adoptados por una familia humana, actuando en ellos la improntación. Desgraciadamente, los humanos se dan cuenta enseguida de que la prole de gansos no sobrevivirá al invierno. En efecto, los jóvenes gansos dependen de «mentores» de más edad, que conocen las rutas migratorias y las enseñan a los más jóvenes. En la película, para compensar esta pérdida, los humanos enseñan a los gansos a seguir a una avioneta que vuela a baja velocidad y que guía a las aves desde Ontario, Canadá, a Virginia. En la vida real el piloto Bill Lishman realizó efectivamente este viaje y enseñó a los gansos la ruta migratoria pilotando un ultraligero. Las aves, una vez aprendida la ruta, siguieron realizando con éxito el viaje migratorio durante años.

DESCODIFICA LOS MENSAJES DE TU TRIBU

Sin duda alguna, las distintas tribus trazan una hoja de ruta de lo que significa tener éxito y de cuáles son los rasgos personales deseables. En ocasiones esto sucede de manera explícita; medios de comunicación, leyes, cultura pop y organizaciones definen cuáles son los comportamientos y los valores aceptados. Otras veces el mensaje es sutil. Hace unos años realicé un viaje en avión sentado junto a un profesor de administración de empresa de origen japonés. Él regresaba de un viaje a Texas con un grupo de estudiantes de MBA de una prestigiosa escuela de negocios de la Costa Este. Allí, habían visitado una compañía informática de gran éxito. El lema de la compañía, me explicó, era «Cultura ganadora». Al profesor japonés le parecía que el lema era demasiado unilateral y que ignoraba la importancia de la colaboración con otros. Su opinión era que lo que se necesitaba en aquella compañía era más equilibrio y menos «Nosotros contra ellos». Sin embargo, es evidente que el mensaje de la compañía de Texas está enraizado en la cultura occidental.

Es natural que recibamos la impronta de las creencias de nuestra cultura, nuestras instituciones y nuestra familia. No obstante, lo más importante es que comprendas qué punto de vista es más importante para ti. Por ejemplo, el hecho de que tu tribu familiar te enseñara a «no llorar nunca» como un niño no significa que ahora, como adulto, tengas que reprimir tus emociones. Solo porque tuviste un entrenador deportivo que te enseñó que había que «ganar a toda costa» no debes pensar que en la vida todo es blanco o negro, ganar o perder.

Ahora, analiza un momento estas ideas. Quizá la pregunta principal sea: ¿en qué grado es inclusiva o exclusiva la visión de tu tribu? ¿Te permite, como dijo Einstein, ampliar tu «círculo de compasión para abarcar a todas las criaturas vivas y la naturaleza entera en su belleza»? ¿Fomenta una perspectiva limitada del *yo* o alienta una perspectiva de *nosotros* más tolerante y abierta al perdón y a la aceptación? ¿Permite tu perspectiva respetar y dejar espacio a quienes son diferentes?

La buena noticia es que nadie está permanentemente casado con un clan o una tribu en particular. Siempre puedes crear tu propia tribu, tu propio grupo de individuos que piensan de forma parecida a ti, abiertos y comprensivos. Es así, tal vez, como es posible empezar a dar forma al mundo en un lugar más inclusivo y considerado con los demás.

GANAR JUNTOS: LA COMUNICACIÓN A TRAVÉS DEL DIÁLOGO

> Te ves a ti mismo en otros.
> Entonces ¿a quién puedes herir?
> ¿Qué daño puedes hacer?
>
> BUDA, *El Dhammapada* [2]

¿Has tenido alguna vez una discusión con alguien sobre religión o política, y por poco acabáis sin poder miraros a la cara? Aunque posiblemente tengas respeto por esa persona, es probable que el abismo entre vuestros puntos de vista sea tan grande como el Gran Cañón. ¿Por qué la gente evita discutir sobre temas políticos y religiosos? No son los temas en sí los que resultan problemáticos, sino lo apegado que estés a los puntos de vista de tu tribu y lo leal que seas a ellos.

Los equipos deportivos son buenos ejemplos de tribus con las que nos identificamos intensamente. Recuerdo una vez que fui a ver a los Trail Blazers, equipo profesional de baloncesto de Portland, con mi amigo Jeff. Ganaron los Blazers y, caminando de vuelta al coche, me di cuenta de lo contentos que estábamos Jeff y yo por la victoria de nuestro equipo. Por supuesto, eso suponía que los seguidores de los Nugget de Denver debían estar tristes. Me daban pena los aficionados de Denver, pero los jugadores del Nugget no eran precisamente unos perdedores —probablemente se encontrarían de regreso a sus bonitas casas con toda clase de comodidades. No obstante, planteé esta pregunta a Jeff: ¿qué ocurriría si hubiera más cooperación entre equipos, esto es, si no hubiera ganador ni perdedor? Nos reímos solo de pensarlo y estuvimos de acuerdo en que sería el fin de todos los deportes. Los deportes dependen de nuestra cercanía y nuestro apego a un equipo o a una ciudad en concreto. Nos identificamos intensamente y, como resultado de ello, deseamos que lo hagan bien. Son nuestra tribu.

Por fortuna los equipos deportivos también nos ofrecen una importante lección compensadora. Demuestran una y otra vez que un equipo solo con una superestrella no puede ganar. Incluso un equipo con dos superestrellas egocéntricas no puede ganar. Michael Jordan no ganaba solo; necesitaba un equipo. Ganar es solo una medida del éxito de un equipo: formar parte de un equipo resulta estimulante y motivador. Es una metáfora de cómo compartir con los demás, comunicarnos, ocuparnos de otros e incluirlos.

Si queremos ser un planeta de éxito, necesitamos incluir a otras tribus en nuestro círculo. El físico David Bohm y otros estudiosos han investigado una fascinante manera de conseguirlo. Se denomina *diálogo*, que traducido significa «a través de la palabra». El diálogo es esencialmente un proceso para prescindir de la necesidad de que nuestro equipo termine el primero. Es un proceso que nos pide que hurguemos en nuestro pasado para ver qué supuestos —culturales o de otro tipo— están impidiéndonos encontrar un lugar de entendimiento común con otros. En *Sobre el diálogo*, Bohm escribe [3]:

> A la gente le cuesta comunicarse incluso en pequeños grupos… ¿Por qué? Cada uno tiene sus principios y sus opiniones. Existen principios básicos —no meramente superficiales— como los principios sobre el significado de la vida, sobre el interés por tu propia persona, el interés por tu país o el interés por tu religión, que realmente piensas que son importantes. Y defendemos estos principios cuando son cuestionados. Con frecuencia la gente no resiste en su defensa y tienden a sostenerlos con carga emocional…
>
> La cuestión es que el diálogo debe llegar a todas las presiones que están detrás de nuestros principios. El diálogo entra en el proceso del pensamiento *más allá* de los principios, no se detiene en ellos.

Uno de los componentes clave del diálogo es la exploración de lo que se denominan «necesidades absolutas». Se trata de aquellas creencias que se encuentran más profundamente arraigadas en nuestra manera de pensar y de sentir. Lo que a menudo causa conflictos entre las diferentes tribus —culturas, religiones, etc.— es que nos aferramos a necesidades absolutas muy diferentes y enfrentadas. A veces estas necesidades son factores ocultos que mueven un conflicto. He aquí ejemplos de necesidades absolutas opuestas:

- La necesidad absoluta de cultura A respalda la libertad de palabra como la base fundamental de la democracia constitucional y de la libertad de expresión.
- La necesidad absoluta de cultura B apoya la censura de los medios que son considerados inmorales o insensibles.
- La necesidad absoluta de cultura C valida la adherencia a la prontitud en el tiempo; de otro modo, uno no es de fiar, no es digno de respeto y es desorganizado.
- La necesidad absoluta de cultura D apoya el esfuerzo, la preparación y la pasión. Ser un esclavo del reloj carece de sentido y demuestra falta de creatividad.

Recuerdo una época en la que un amigo empezó a quedar por internet. Cuando le pregunté por su primera cita para tomar un café, él en un principio pensó que le había ido bien. Las sensaciones por ambas partes habían sido buenas, me explicó, de modo que habían quedado para otro día. Fue entonces cuando mi amigo cayó en la cuenta de que la persona que había conocido no tenía sus mismas ideas políticas. Al día siguiente canceló la cita por imperiosa necesidad.

En mis cursos pido a las personas que consideren sus necesidades absolutas y muchas no quieren mirar en esa dirección. Imagina el diálogo entre alguien cuya necesidad absoluta es la creencia en Dios y otra cuya necesidad absoluta es el ateísmo, la creencia en que no existe Dios. Es posible que dé cierto miedo pensar en deshacerse de algo que se siente intensamente como propio, pero nadie dijo que fuera fácil limpiar la basura emocional.

La ventaja de mirar aquello que está impidiendo que incluyas a otros en tu vida y que trabajes con ellos —y la voluntad de deshacerte de tal impedimento, aunque solo sea temporalmente— es que de este modo estarás trabajando para eliminar obstrucciones emocionales ocultas. Bohm no era un ingenuo y mientras trabajaba para fomentar la comprensión del diálogo sabía también que este requiere un compromiso a largo plazo por ambas partes.

No podemos controlar que otras personas vayan a mostrarse tolerantes y dispuestas a dejar a un lado sus necesidades absolutas. Por fortuna, parece existir un importante factor que trasciende nuestra identificación con una tribu y que puede aumentar la compasión en relación con los ajenos a ella. Un estudio publicado en *Psychological Science*[4] llegaba a la conclusión que los individuos con una intensa lealtad a un grupo no rechazaban automáticamente a los de otros grupos. El factor moderador era el integrado por las creencias morales de la persona. Los investigadores descubrieron que los individuos con genuinos principios morales tenían menos impulsos agresivos hacia los extraños. Utilizando diferentes escenarios, el estudio demostró que quienes tenían una fuerte identidad moral eran más proclives a condenar la tortura, así como a compartir unas provisiones limitadas de alimentos con desconocidos. El mensaje inmediato es esperanzador. Un profundo sentido moral es una manera práctica de darse cuenta de que, en última instancia, somos todos miembros de un mismo equipo. Y, aunque no es posible controlar a los demás, la ampliación de nuestro entendimiento y la liberación en relación con nuestras necesidades absolutas es un gran paso en la dirección correcta.

El diálogo es simplemente un camino para reducir la intolerancia en el mundo. La tolerancia crece también a partir del reconocimiento básico de la naturaleza del sufrimiento y de que todas las cosas están interconectadas. Este conocimiento trasciende el lenguaje y el diálogo. Puede ser como una segunda visión, una honda conciencia a la que el monje budista vietnamita Thich Nhat Hanh, escritor y profesor, hace a menudo referencia como *interser*[5].

Si eres poeta, verás con claridad que hay una nube flotando en esta hoja de papel. Sin nube, no hay lluvia; sin lluvia, los árboles no crecen; y sin árboles no tendríamos papel. La nube es esencial para que el árbol exista. Si la nube no estuviera aquí, la hoja de papel tampoco estaría. De modo que podemos decir que la nube y el papel inter-son... Si profundizamos un poco más, podemos ver que también nosotros estamos aquí. No es difícil de ver, porque cuando miramos una hoja de papel, esta es parte de nuestra percepción. Tu mente está aquí y la mía también... Todo coexiste con esta hoja de papel... Ser es inter-ser. No puedes ser solo por ti mismo.

La siguiente herramienta para la vida es otra manera de ampliar tu círculo de compasión y de incluir en él a todos los seres que viven y sufren.

HERRAMIENTA PARA LA VIDA
Experimenta el interser para disipar las diferencias entre tribus

Todos tenemos el potencial innato de experimentar conexión. La experiencia del interser rebaja todas nuestras diferencias evidentes —hábitos, política, sexo, edad, religión y cultura— reduciéndolas al reino de lo insignificante. Afirma nuestra condición compartida y disuelve las preocupaciones que innecesariamente nos separan.

Ver las cosas de este modo interconectado supone que, cuando una persona resulta dañada, insultada o humillada, todos nosotros sufrimos la misma indignidad. Esta conciencia cultiva la empatía y libera la compasión en relación con una red más amplia de relaciones. Todos debemos practicar el interser para alimentar mayor entendimiento, amor y cuidado por los demás seres. Tómate un momento para responder a las siguientes preguntas como ejercicio de reflexión para expandir las conexiones que percibes con los demás.

- ¿De qué modo ha tocado el dolor de la pérdida a aquellos que conoces, incluso aunque no sea personalmente?
- ¿Cómo te ayuda el carácter universal de la pérdida a sentir compasión por todas las personas y todos los seres?
- ¿Quién te ha ayudado en tiempos difíciles de tu vida, ya sea escuchándote, mostrándote compasión o actuando?

Por último, dedica unos minutos al día a darte cuenta de cómo todo depende de alguna otra cosa, aunque sea de manera sutil.

— Parte 3 —

Prevención de nueva basura emocional mediante limpieza diaria

La atención plena, o *mindfulness,* actúa como un guardia de seguridad en tu puerta, bloqueando la inagotable avalancha de desorden, descontrol y desarreglo que pretenden entrar en tu vida y en tu mente. En esta sección adquirirás la confianza y las habilidades necesarias para contrarrestar los agentes estresantes cotidianos. Notarás la diferencia en tu bienestar físico y mental, al eliminar la basura emocional para sumirte a diario en un estado de paz, plenitud y alegría.

Capítulo 11

CAMBIA EL CANAL DE DISTRACCIÓN PARA ENCONTRAR CLARIDAD

Un niño nacido en nuestros días no se encuentra prácticamente nunca lejos de alguna fuente de sesenta ciclos por segundo, ya sea de día ya sea de noche. Es la característica de toda luz fluorescente, de cualquier motor, de cualquier dispositivo electrónico... Estos dispositivos que ahorran trabajo contribuyen a nuestra satisfacción, pero en el proceso de adquirir las habilidades necesarias para controlar la realidad externa, a menudo perdemos el contacto con nuestra realidad interior.

ROBERT JOHNSON y JERRY RUHL, *Contentment*
(publicado en español con el título *Integridad interior y satisfacción*) [1]

¿HAS perdido alguna vez la noción del tiempo mientras hacías uso de la tecnología? El alto grado de implicación que suponen los ordenadores, *smartphones*, televisores y otros dispositivos de tecnología visual crea una rueda virtual de hámster que consume nuestra mente, manteniéndola ocupada y con sensación de control. De acuerdo con la antropóloga Natasha Dow Schull, autora de *Addiction by Design*, se trata de algo parecido a otra forma de obsesión por la pantalla, la de los jugadores compulsivos de máquinas tragaperras [2]. «Cuando la persona juega», explicaba Schull en una entrevista publicada en la revista *New Republic*, «se encuentra en una zona en la que se siente segura y cómoda. No juega para ganar, juega para permanecer en esa zona, una zona en la que todas sus preocupaciones diarias, sus dolores corporales, sus ansiedades por el dinero, el tiempo y las relaciones personales desaparecen».

Como zona y como forma amortiguadora de ansiedades y preocupaciones, los medios de comunicación y la tecnología pueden presentarse como preferibles a medicamentos como el Trankimazin o el Prozac. Pero la distracción que proporcionan los medios tecnológicos tiene su lado oscuro. Puede robarnos horas de tiempo y llenar nuestra mente con todo tipo de interferencias no deseadas. El resultado es que perdemos la concentración en lo que realmente nos produce plenitud y dicha. En algunos casos la distracción que proporciona la tecnología puede afectar a la conducta y al estado de ánimo.

La Asociación Americana de Psicología ha estudiado los efectos de los medios de comunicación y de la tecnología mediante tres informes globales que han considerado la publicidad y la infancia, la violencia en los videojuegos y los medios interactivos, y la sexualización de las niñas [3]. Este último grupo de trabajo encontró que la exposición generalizada a imágenes de sexualización y «objetización» daban lugar a problemas en áreas clave: déficits cognitivos y falta de confianza, problemas de salud mental relacionados con baja autoestima, trastornos de la alimentación y estados de ánimo negativos, actitudes sexuales y de aceptación corporal no saludables y actitudes y creencias sesgadas sobre la feminidad y la importancia del atractivo físico. Esta basura de los medios de comunicación cotidianos afecta a mujeres y a hombres, así como a la sociedad en general, al influir en roles y estereotipos. Cabe preguntarse a este respecto de qué manera estas importantes fuentes cotidianas de interferencias modelan nuestra vida y nuestras experiencias.

INTENCIÓN:
EL LIMPIADOR DE DISTRACCIÓN MULTIUSOS

Si a menudo te sientes arrastrado en tu vida por la distracción e impotente ante la fuerza de la marea de medios de comunicación y sistemas multitarea, no te preocupes. Se debe a que posees una de las herramientas más poderosas del universo, algo que la tecnología no puede reproducir. Puedes aprovechar esta increíble herramienta para acabar con la distracción, sin importar qué recovecos de tu vida quiera llenar toda esa basura.

Se trata del poder de la intención, de donde procede tu capacidad innata para manifestar tus propios deseos y acciones en el mundo. La intención mental pone al mundo en movimiento. Siendo como es una de las habilidades de *mindfulness* (*PAIR UP*) para limpiar la basura mental, la intención encierra la semilla de un potencial que, alimentado, se convierte en realidad. Puede hacer crecer, literalmente, nuevas conexiones sinápticas y reconfigurar tu cerebro para eliminar barreras emocionales cuando te quedas bloqueado.

Cada acción que realizas, ya sea grande o pequeña, y ya sea consciente o inconscientemente, es el resultado de un campo cuántico en el cerebro. Ello se debe a que cada intención mueve diminutas partículas con carga (iones) hacia el interior de nuestras neuronas. Cuando la carga de los iones es lo suficientemente grande, activa esa determinada vía neural. Esto significa que tus intenciones cambian con el tiempo la estructura de tu cerebro, que a su vez cambia tu manera de pensar. La intención es la esencia del libre albedrío.

Las intenciones actúan como el volante de un coche: te hacen girar en una determinada dirección. Si tu vida está estancada o se encuentra atascada en la rutina, entonces necesitas ver lo que está sucediendo. ¿Cómo provocan las distracciones el descarrilamiento de tus intenciones, dejando que sean aburridas, robóticas o automáticas? Permitir que las distracciones, internas o externas, determinen tus intenciones equivale a renunciar a aquello que te hace más humano.

No siempre nos damos cuenta de que somos nosotros mismos quienes controlamos los patrones de conducta negativos de nuestra vida. Un día, un cliente y yo estábamos analizando por qué esta persona seguía repitiendo el mismo patrón negativo, cuando él se encogió de hombros y exclamó: «¡Por algún extraño error o accidente, me he convertido en la persona que soy!». ¿Un error o accidente? ¿De verdad? Este hombre había renunciado al control de su vida. Sencillamente no estaba preparado para asumir la responsabilidad de haber dejado que antiguos estímulos de condicionamiento y distracción le desviaran de sus intenciones y pensamientos. Si no estás atento, puedes sorprenderte un día al encontrarte de nuevo en esa vieja y familiar «zanja». Pero no habrá sido un accidente. Cuanto más consciente seas de tus intenciones y más caso les hagas —incluso a las más pequeñas— más libertad tendrás para dar forma y determinar el curso de tu vida.

Comprender la intención es fácil y puedes pensar en ella de la siguiente manera: *Si tu intención es cultivar un roble, no esparzas semillas mentales de diente de león.*

En la película *La loca historia del mundo*, Mel Brooks, en el papel del monarca francés, pronuncia la divertida frase: «Es bueno ser rey». La gracia, obviamente, está en que lo que es bueno para el rey no es tan bueno para el resto. Es malo ser sirviente o esclavo —de los medios, de la tecnología o de cualquier maestro o monarca que abuse de su poder para robarte tu libre albedrío.

Además de robar tiempo, la basura tecnológica puede incluso cambiar la programación del cerebro e interceptar nuestras intenciones, uno de los dones más preciados que poseemos. La música, los vídeos, los juegos, las películas, las noticias e incluso las emergentes tecnologías virtuales ejercen mayor influencia de la que nos damos cuenta. La adicción a la pornografía en internet, por ejemplo, es un problema de magnitud tan grave que el especialista en adicción sexual Ted Roberts, autor de *Deseo ser puro*, se refiere a internet como «la cocaína de la adicción sexual».

✦ ✦ ✦

Para Roger, un joven ejecutivo de éxito, la basura de la confusión y de las interferencias mentales producidas por los medios de comunicación y la tecnología fue devastadora. Cuando vino a verme, su vida estaba a punto de desmoronarse debido a su adicción a la pornografía en internet. Todo había comenzado de un modo bastante inocuo, me contó, cuando su mujer encontró empleo en una fábrica, en el turno de noche. «A mí no me gustaba estar solo, y me quedaba con una mala sensación cuando ella se marchaba. De modo que esa primera noche, cuando ella salió de casa, estuve mirando pornografía para adultos durante tal vez cinco minutos, y eso me distrajo». Muy pronto esos cinco minutos se convirtieron en treinta minutos, en una hora, tres horas y siete horas por la noche, mientras su mujer trabajaba. Antes de que pudiera darse cuenta, Roger había desarrollado adicción a este comportamiento, casi «por accidente», pues él no había planeado ser adicto al porno. Esta conducta lo llevó a otros comportamientos de riesgo relacionados con ella y cuando su mujer lo descubrió, le pidió el divorcio.

Durante nuestro trabajo juntos una de las cosas que hice fue pedir a Roger que escribiera en un papel sus valores más profundos —en forma de declaración de intenciones— en su relación y su matrimonio y que los compartiera con su mujer. También le pedí que creara una lista de comportamientos positivos que fueran compatibles y acordes con sus deseos más profundos. Al final resultó que su intención era crear una relación basada en el amor mutuo, el respeto, la confianza, la honestidad, la comprensión y la transparencia. Ver pornografía no era acorde con nada de eso.

También pedí a Roger que se sentara y tomara conciencia del «mal rollo» que estaba tratando de evitar cuando se quedaba solo en casa. Él no quería hacerlo, pero le ayudó a descubrir una vieja y dolorosa sensación de abandono que había experimentado en su infancia, cuando sus padres discutían violentamente y uno o ambos se iban de repente de casa. Tras comprender su miedo a estar solo, la necesidad de Roger de evitar esa sensación también desapareció.

CÓMO EJERCITAR EL LIBRE ALBEDRÍO (Y EL LIBRE VETO)

La intención es verdaderamente un potente motor del libre albedrío. Nos une a la visión y a las lecciones de experiencias y decisiones del pasado; nos une al momento presente y a nuestro deseo de movernos en una nueva dirección; y nos une a nuestro futuro, en cuya manifestación estamos íntimamente implicados. Y lo que es más, las intenciones tienen lugar incluso si no estamos pensando en ellas. Tómate un momento para aplicar estos conceptos al mundo real con las siguientes preguntas. Pregúntate a ti mismo:

- ¿Con qué frecuencia, y sin tan siquiera pensarlo, miro el móvil, el ordenador, la TV, el portátil, la tableta o la videoconsola?
- ¿Con qué frecuencia estoy pendiente de la tecnología cuando podría estar relacionándome cara a cara con alguien que está a mi lado?
- ¿Cuánto tiempo paso sentado en el sofá mirando a alguien activo en lugar de participar en mi propia vida?
- ¿En qué medida la tecnología me quita tiempo para otras actividades de las que disfrutaba en el pasado?

No hay respuestas correctas o erróneas a estas preguntas. Son un punto de partida de análisis e investigación personal para abordar de un modo más proactivo la basura tecnológica.

En *Cerebro y mindfulness*, el psiquiatra Daniel Siegel dice: «Las intenciones crean un estado integrado de imprimación, una preparación de nuestro sistema nervioso para esa intención específica: podemos prepararnos para recibir, para sentir, para centrarnos, para comportarnos de una determinada manera. La intención no es simplemente una acción motora... La intención es un proceso de organización central en el cerebro, que crea continuidad más allá del momento presente»[4].

Durante mi estancia en el monasterio gran parte del trabajo de *mindfulness* que realizaban los monjes tenía que ver con usar la intencionalidad durante las actividades de la vida diaria, como comer y caminar. Cuando comemos, ponemos intención en cada movimiento: levantar el tenedor, abrir la boca, masticar la comida, tragar, etc. Cuando caminamos, ponemos intención para levantar el pie, moverlo hacia delante, pisar y después trasladar el peso de un lado del cuerpo a otro. ¡No hay tiempo para ninguna multitarea! Cuando caminamos, caminamos. Cuando comemos, comemos. Cuando nos sentamos, nos sentamos. Es una *monotarea*, una poderosa manera de ser intencional en el momento y de salir de viejos hábitos y rutinas.

Este ejercicio podría parecer una extraña manera de practicar la intención, pero el propósito era que fuéramos conscientes de todas las pequeñas cosas sobre las que tenemos control. Nos sacaba del modo de piloto automático y dejaba en pausa nuestro robot interior. Personalmente me hizo ser consciente de repente de la facilidad con la que el robot puede tomar el mando en cualquier momento. No todas las intenciones son igual de eficaces, y aprendí que las intenciones funcionan mejor cuando son expuestas de forma positiva y proactiva, en contraposición a las intenciones que expresan lo que no se desea en la vida.

A continuación expongo un ejemplo de una intención expuesta de manera negativa: «No quiero vivir cegado por la tecnología y no estar presente para los que me rodean». Dado que la frase establece lo que *no* deseas, no te dice cómo comportarte para estar más vivo y en sintonía con el momento. Así que, a modo de experimento, sigue estas instrucciones para adoptar la intención de estar totalmente presente en este momento:

> Ahora mismo, mientras lees esta frase, establece la intención mental de estar plenamente presente, con todos tus sentidos. Después mira a la derecha y a la izquierda. Date cuenta de la sensación en los músculos del cuello. Observa detenidamente los colores, las formas y los objetos a la vista. Escucha cualquier sonido en tu entorno.

Con suerte, esta intención proactiva y tan simple habrá conseguido su objetivo, llevándote a ser consciente y a estar en contacto con tu cuerpo y con el momento presente. Ciertamente ha sido un momento breve, ¡pero lleno de vida y presencia! De hecho, cuando haces uso de la tecnología, puedes estar también presente si estableces intenciones similares para darte cuenta de tus dedos sobre el teclado del ordenador o de los colores en la pantalla y para ser consciente de tu respiración. De este modo no estarás hipnotizado; estarás presente incluso si estás utilizando la tecnología. Al ser consciente, puedes decidir cuándo te encuentras en un estado de distracción o de sobrecarga y si necesitas dar un paso atrás.

Estas intenciones «momento a momento» nos ayudan a aportar nuestra presencia absoluta a cualquier cosa que estemos haciendo. Existen además intenciones en la vida orientadas a valores más grandes, o metaintenciones. Se trata de opciones esenciales que dirigen nuestra vida y eliminan la basura emocional que produce distracción. El autor Deepak Chopra definía la intención de esta manera: «La intención no es un simple capricho. Requiere atención y requiere también distanciamiento. Una vez que has creado la intención de modo plenamente consciente, debes ser capaz de distanciarte del propósito y dejar que el universo maneje los detalles de la realización» [5].

Las metaintenciones nos despiertan a nuestro propósito más profundo. Nos ayudan a sentirnos vivos y a conectar con el deseo de amor, bienestar, salud, conexión y equilibrio. Las metaintenciones son más poderosas cuando se enuncian de forma afirmativa y cuando incluyen la palabra «elijo». Por ejemplo, en lugar de decir «tengo que perder peso para estar sano», esta intención puede expresarse de manera proactiva como «elijo estar más sano comiendo más alimentos no procesados y dando un paseo todos los días». En lugar de afirmar «Quiero vivir menos influido por la tecnología y los medios de comunicación», una intención enunciada de modo positivo sería: «elijo construir relaciones y, para ello, elijo desconectar y centrarme en las relaciones cara a cara con la gente siempre que sea posible».

En estas declaraciones enunciadas de modo positivo no solo especificas lo que vas a hacer, en lugar de lo que quieres hacer, sino que además subrayas que estás llevando a cabo una elección. Se trata de un sutil recordatorio de que estás optando deliberadamente por virar en una determinada dirección. No tienes por qué hacerlo, pero has decidido hacerlo.

Cuando tengas una metaintención positiva, anótala. Puede ser una intención relacionada con tus relaciones, tu profesión, tus amigos o tu seguridad económica. Pon la nota en algún lugar en el que puedas verla durante todo el día, como en el móvil o en una tarjeta que lleves en el bolso o la cartera. Cada vez que la veas, respira con todo su ser y permite que esa intención sea absorbida por todas las células de tu cuerpo. Siéntete en conexión con los efectos beneficiosos de tu metaintención.

Piensa que las metaintenciones no son productos finales; es mejor dejar a un lado expectativas y pronósticos. El aferrarse a un resultado es, en realidad, otra forma de sufrimiento. Permítete experimentar los pensamientos del momento presente y los actos que surgen a partir de tu intención. Déjate sorprender por la manera en la que pueden manifestarse. Debido a la naturaleza del interser y de la conectividad, reconoce el modo en el que tus intenciones trascienden tu propio interés y son buenas para todos.

Otra forma de usar la intención consiste en utilizar el poder de veto de tu cerebro, o *libre veto* (en inglés *free won't*). El investigador del cerebro Benjamin Libet, autor de *Mind Time*, estudió esta capacidad. Según Libet, podemos detener un comportamiento automático o robótico ejercitando esta capacidad de veto interior. Libet escribió: «La existencia de una posibilidad de veto no está en duda. Los sujetos de nuestros experimentos refirieron a veces la presentación de un deseo consciente o de una necesidad urgente de actuar, que ellos habían reprimido o vetado» [6]. ¿Has tenido alguna vez un impulso insano que han detenido o reprimido? Tal vez querías esa galleta de más o deseabas comprar algo que realmente no necesitabas. Tal vez impusiste una señal de stop interior al impulso de enfadarte o de decir alguna palabra desagradable, hiciste una pausa y esperaste a calmarte, sabiendo que así te iría mejor. Dado que el cerebro trabaja muy deprisa, puede saltar e imponer el veto incluso cuando tú ya estás listo para actuar de forma impulsiva.

Cada vez que ejerces el libre albedrío o el libre veto, refuerzas los circuitos de intencionalidad de tu cerebro. Aumentas tu capacidad para parar y reflexionar interiormente, y elegir después la dirección más sana o beneficiosa que quieres tomar. Empieza por algo pequeño, aumentando la intencionalidad a medida que vaya transcurriendo el día. Sé consciente de cómo te levantas por la mañana, de cómo tomas una ducha. Pon más intención cuando te vistas o te abotones la camisa, cuando te prepares el almuerzo y cuando comas. Por supuesto, hay muchas pequeñas acciones que se tornan automáticas. Las hacemos sin prestar atención, en modo piloto automático, y ello no es necesariamente un fracaso o un mal asunto. Pero si nos reconocemos a nosotros mismos dando vueltas en esa rueda de hámster virtual, entonces debemos saber que hay un problema. Nuestras intenciones y decisiones no están expresando lo que realmente es importante para nosotros.

Hoy en día la tecnología es una parte necesaria de nuestras vidas. Aunque no podamos evitarla, sí podemos en cambio ser conscientes de su impacto como una fuerza a veces oculta, que influye profundamente en nuestra manera de vivir, de pensar y de interactuar en sociedad. Por ejemplo, muchas personas se dan cuenta de que el uso frecuente de dispositivos tecnológicos reduce su capacidad de concentración durante largos periodos de tiempo. En respuesta a ello han surgido grupos de lectura lenta, tranquila, en los que personas se reúnen en un café o en otro lugar, apagan sus dispositivos electrónicos y leen su libro favorito, en silencio. Este es un maravilloso ejemplo de aprovechamiento de la intención y la claridad en un mundo lleno de interferencias.

HERRAMIENTA PARA LA VIDA
Análisis consciente del tiempo empleado

¿Alguna vez has hecho inventario de cómo empleas realmente tu tiempo? El objetivo del siguiente ejercicio consiste en aportar algo de claridad y analizar (sin criticar) el modo en que distribuyes tu tiempo. Copia esta tabla en un folio de papel. Crea siete líneas por debajo de cada una de las filas de la tabla, una para cada día de la semana. Utilízala para estimar el tiempo que dedicas cada día a cada categoría, en incrementos de media hora. Si observas solapamiento entre categorías, intenta elegir la categoría más exacta. La idea es que seas más consciente de cómo inviertes el tiempo a lo largo del día y de la semana, en lugar de no prestar atención y de dejarte llevar por las distracciones.

ACTIVIDAD	Tiempo (en incrementos de media hora)
Cuidado personal (alimentación, nutrición, higiene)	
Conversación cara a cara (tiempo ininterrumpido con pareja, amigos y familia)	
Uso de tecnología no para el trabajo ni para el estudio (TV, CD, móvil, DVD, email, videojuegos, Facebook, etc.)	
Ejercicio (actividad física de cualquier tipo)	
Naturaleza (tiempo que pasas en la naturaleza)	

ACTIVIDAD	Tiempo (en incrementos de media hora)
Aficiones (actividades agradables)	
Viajes y planes (planificación, organización, transiciones)	
Reflexión (meditación, lectura, crecimiento y análisis personal)	
Trabajo, escuela y estudios	
Deseos y antojos (ojear, navegar por la red, ir de compras)	
Sueño y descanso	

Hazte las siguientes preguntas y reflexiona sobre ellas:

- ¿Cómo me siento en relación con la actual distribución del tiempo que dedico a cada actividad a lo largo del día? ¿Qué es lo que más me sorprende?
- ¿Qué retos —de existir— me plantea esta distribución?
- ¿De qué modo afecta mi uso de la tecnología a otras actividades con las que disfrutaba antes, como leer un libro de principio a fin, montar en bicicleta u otras actividades físicas?
- ¿Cómo podría comenzar a redistribuir mi tiempo de un modo que fuera más satisfactorio y acorde con mis valores más profundos?
- ¿Qué pequeño cambio intencional y proactivo podría introducir? (Anótalo y llévalo contigo, especificando el comportamiento que pone en marcha esta intención.)
- ¿Qué metaintención podría relacionar con mi uso del tiempo y de la energía? (Una vez más, anótala y observa de qué modo afecta a tu vida y a tus relaciones.)

Capítulo 12

VACÚNATE CONTRA LA «AFLUENZA»

Volutas de vapor se elevan desde la tetera. El agua hirviendo suena como el viento cuando sopla a través de los pinos... Flota en la quietud el aroma del té.

SOSHITSU SEN XV, *Tea Life, Tea Mind* [1]

LA novedad es atractiva. ¿Quién no disfruta con ese «olor a coche nuevo»? Aún hoy recuerdo vivamente cuando, siendo un niño, mi padre llegaba a casa anunciando que tenía un automóvil nuevo. Toda la familia salía precipitadamente de casa a mirar y después nos metíamos todos entusiasmados en el coche nuevo para un primer paseo, a menudo a la heladería de la localidad donde vivíamos. Íbamos a quedarnos impresionados. Era un momento especial y estábamos seguros de que este nuevo coche sería mejor que el viejo, que nunca volveríamos a ver. Esa fue mi introducción a la cultura americana del automóvil, así como al tentador poder de la novedad y a la gratificante sensación que emana de «tener más».

Platón utilizaba la palabra *pharmakon* para representar algo que es al mismo tiempo veneno y remedio. El deseo insaciable de tener más y el deseo de novedad pueden considerarse en cierta medida un *pharmakon*. A los publicistas les gustaría que nos creyéramos que todo lo que poseemos está anticuado y obsoleto, por no hablar de lo viejo, desgastado y pasado de moda. Además, ¿no es mejor tener algo nuevo, brillante y reluciente, algo que nos haga sentir mejor y más atractivos para los demás? Todo esto lleva a la pregunta: ¿cuándo hay que decir basta? ¿En qué momento la novedad y el deseo de tener más se tornan contraproducentes y llegan al punto de convertirse en *pharmakon*?

La basura emocional diaria generada por la «obsesión por tener más» puede verse como una forma socialmente contagiosa de ansiedad, más parecida a un virus o a la gripe. Contraes la «obsesión por tener más» de forma similar a como caes afectado por la gripe, es decir, al entrar en contacto directo o indirecto con alguien o algo portador del virus. Si esta ansia por tener más hace presa en ti, puedes sentirte desbordado por el deseo incontrolable de tener más, así como consumido por la ansiedad y la preocupación por no tener suficiente. Y si esta enfermedad alcanza la gravedad equivalente a sufrir una neumonía o una infección grave, se hace necesaria una actuación urgente.

Tuve en una ocasión una paciente, Gwen, que era el ejemplo perfecto de persona afectada por un caso agudo de «obsesión por tener más». Vino a verme por una depresión y, en nuestra primera sesión, rompió a llorar de manera incontrolable al contarme que se aferraba a los últimos vestigios de una vida vivida a lo grande. Se esforzaba por mantener las apariencias a pesar de estar en medio de un huracán personal: un divorcio, la batalla por la custodia de su único hijo y una inminente quiebra económica. Estaba durmiendo en secreto en el apartamento vacío que había sido propiedad de su marido y de ella, situado cerca de las montañas en un exclusivo resort de esquí, pero que estaba en proceso de embargo por parte del banco. No tenía muebles, la luz estaba cortada y Gwen dormía en el salón, en el suelo, cuando habría podido mudarse a casa de su anciana madre. Se negaba a dejar de conducir su ostentoso todoterreno, que también estaba embargado. Lamentablemente, Gwen se definía a sí misma por la ropa que vestía, el tipo de coche que conducía y dónde vivía.

Cuando le pedí que describiera qué había ocurrido en su matrimonio, Gwen respondió: «Yo estaba tan empeñada en mantener nuestro nivel de vida que no me di cuenta de que ya no amaba a Curtis. Seguíamos adelante con ese papel de matrimonio con éxito en la vida. Pero ya no había respeto ni amor».

En cierto sentido Gwen se divorció y perdió todos sus bienes materiales debido a un virus social, a la basura cultural conocida como *afluenza* (neologismo fruto de la combinación del término inglés *influenza* —gripe— y *affluence* —afluencia, riqueza). En su libro *Afluenza*, los autores John de Graaf, David Wann y Thomas Naylor definen así el trastorno:

> **afluenza**, s. Enfermedad dolorosa, contagiosa y de transmisión social que cursa con sobrecarga, deudas, ansiedad y despilfarro como resultado de pretender tener siempre más [2].

Durante los meses que trabajé con ella Gwen, de hecho, lo perdió todo o debería decir, todo la perdió a ella. Ese supertodoterreno finalmente fue embargado y acabó sustituido por un coche viejo y destartalado, que era todo cuanto podía permitirse. También perdió el apartamento y la casa. Perdió su independencia y se mudó a casa de una amiga. Su armario quedó reducido a lo esencial. Durante un tiempo perdió incluso la custodia de su hijo.

Y, sin embargo, tan consternada como estaba Gwen con cada uno de estos cambios en su vida, su experiencia tuvo una cara positiva.

Por primera vez en su vida Gwen se vio obligada a analizar su sistema de creencias y la *afluenza* que la había conducido a las deudas y que había trastocado toda su vida. Mirar en su interior fue como tomar una potente vacuna de *mindfulness*. Para su propia sorpresa, descubrió que arrastraba consigo a diario varios tipos de basura emocional nociva. Descubrió que tenía miedo a no poder salir adelante por sí sola y a no ser lo suficientemente inteligente o fuerte. Y descubrió la basura emocional ligada a su familia y a su cultura y que le decía que tenía que ser independiente y que estaba mal y era vergonzoso pedir ayuda a los demás.

Para recuperarse, Gwen aprendió a reconocer y a comprender que la «obsesión por tener» y otras creencias cotidianas la habían infectado. En su lugar contó una historia que no habría esperado contar nunca, una historia llena de profunda claridad y de hondo reconocimiento de lo que era realmente importante y satisfactorio en su vida. Libre ya de las cadenas que la ataban a su basura emocional (y física), se forjó una nueva vida, una vida basada en valores y fortalezas que la alimentaban, a ella y a quienes la rodeaban.

Gwen no solo hizo un esfuerzo por conectar con los demás de un modo pleno, sino que además aceptó de buen grado la ayuda de los demás y dejó a un lado sus historias limitadoras. Empezó por reconocer y apreciar sus puntos fuertes más comunes y corrientes. Se podría decir que se rehizo a sí misma desde los cimientos, creó una nueva historia paso a paso. Con el tiempo compró una casita, consiguió un trabajo que le hacía sentirse bien y, lo más importante, recuperó la custodia compartida de su hijo. Estoy muy agradecido por haber podido trabajar con alguien como Gwen, que hizo un esfuerzo tremendo por reorientar su vida en una dirección totalmente nueva.

LA APRECIACIÓN CONSCIENTE
DE ESTE MOMENTO CORRIENTE

Una de las razones por las cuales toda novedad resulta tan estimulante, emocionante y seductora es que los centros del placer de nuestros cerebros reciben un estímulo positivo cuando experimentamos una novedad. Sin embargo, una vez que nos acostumbramos o aclimatamos a algo nuevo, y la novedad se desvanece, empezamos a necesitar otra novedad para conseguir esa buena sensación que percibimos en el pasado. De este modo quedamos atrapados por lo que los psicólogos denominan la *rutina hedonista* de desear más placer. Si estamos programados de esta manera ¿existe un antídoto contra esa tendencia a querer siempre más? ¿Estamos condenados a esa rutina?

Existe en el budismo una maravillosa metáfora que ilustra este deseo insaciable. Se denomina el «fantasma hambriento» y a menudo se representa con boca diminuta, cuello largo y delgado y vientre voluminoso. En otras palabras, el fantasma hambriento tiene un enorme apetito que nunca ve saciado. Nunca puede llenar ese enorme vientre de deseo, porque tiene una boca diminuta y una garganta muy estrecha. Vivir como un fantasma hambriento va más allá del hambre material; el hambre y el miedo emocionales son los que conducen a la envidia, a los celos, a la avaricia y a todas las formas de posesividad. Lee las noticias y verás que incluso la gente millonaria necesita a menudo más, incluso si ello supone hacer daño a otros. Sin duda, vivir la vida como un fantasma hambriento produce mucho sufrimiento en el mundo.

Sorprendentemente, no hay que mirar muy lejos pera encontrar el remedio curativo a la rutina hedonista y al fantasma hambriento. Está justo ahí, a tu lado, y consiste en apreciar cada momento aparentemente corriente. ¿Qué ocurriría si pudiéramos contrarrestar el deseo de tener más obteniendo más satisfacción de lo que ya tenemos en la vida? La Madre Teresa de Calcuta hablaba de un modo elocuente sobre esta cuestión en su poema «Gotas de amor» [3]:

> No pienses que el amor, para ser genuino,
> ha de ser extraordinario.
> Lo que necesitamos es amar sin cansarnos.
>
> ¿Cómo arde una lámpara?
> Por la entrada continua de pequeñas gotas de aceite.
> Si las gotas de aceite se agotan, la luz de la lámpara cesará,
> y el novio dirá: «No te conozco».
>
> (Mateo 25:12)
>
> Hijos míos ¿qué son esas gotas de aceite en nuestras lámparas?
> Son las pequeñas cosas de la vida cotidiana:
> la lealtad,

la puntualidad,
pequeñas palabras de bondad,
un pensamiento dedicado a los demás.
nuestra manera de estar en silencio.
de mirar, de hablar,
y de actuar.

Estas son las verdaderas gotas de amor.
Sé fiel en las pequeñas cosas porque es en ellas
donde reside tu fuerza.

La Madre Teresa conocía la verdad profunda de la que hablaba. Un estudio publicado en *Psycohological Science* con el título *A «Present» for the Future: The Unexpected Value of Rediscovery* (Un «regalo» para el futuro: el inesperado valor del redescubrimiento) analiza la importancia de las experiencias corrientes [4]. Básicamente los investigadores querían saber qué es lo que a la gente le puede parecer más interesante recordar en algún momento del futuro: una experiencia corriente o una especial. Al comienzo del estudio, los participantes predijeron que no les resultaría muy interesante revisar los acontecimientos corrientes. Después, se pidió a los participantes que realizaran una crónica de un día corriente y de un día extraordinario, tomando fotos y escribiendo acerca de la jornada. El día especial era San Valentín y los participantes (todos ellos con alguna relación sentimental) escribieron sobre sus experiencias en ese día. Tres meses más tarde, los participantes revisaron sus experiencias pasadas — en un día corriente y en el día extraordinario— para determinar cuáles eran más curiosas y cuáles les producían mayor satisfacción. ¿Y qué fue lo más significativo y curioso? Los participantes encontraron que los acontecimientos del día corriente eran más significativos y tenían más interés que los del día especial de San Valentín. Habían subestimado mucho ese día normal y lo que podían esperar de él. Este estudio revela el sorprendente poder de lo cotidiano.

Las cosas corrientes contienen la semilla del significado y de la apreciación del día a día, que disipan la necesidad de acumulación. La apreciación de lo corriente es una manera de estar en el mundo diferente de la codicia y de la envidia. Es probable que no tengas envidia de lo que tiene otra persona si aprecias profundamente lo que tienes en la vida. Cuando la persona es testigo de la increíble abundancia y riqueza de cosas corrientes y buenas a su alrededor, se generan en ella sensación de escasez, en comparación con los demás, y apetito de tener más.

Un magnífico ejemplo de cómo saborear lo corriente es el de un amiga mía, que me comentaba en una ocasión lo deprisa que estaban creciendo sus hijos. Le entristecía, me contaba, pensar que podía olvidar todo aquello. Respondió implicándose en los momentos corrientes de un modo que era a la vez simple, hermoso y profundo.

«Esta mañana temprano», me contaba, «me he sentado en la penumbra, en una habitación contigua a la cocina y he visto a mi hijo de dieciséis años entrar en la cocina para prepararse el desayuno. Él no sabía que la estaba observando, pero ahí estaba yo, sentada, mientras él cascaba un huevo sobre la sartén. Ha sacudido el cascarón. Se ha ajustado los auriculares y después ha cascado otro huevo. Solo observarlo, momento a momento, ha sido mi forma de meditación. Ha sido algo corriente y muy especial».

Los filósofos estoicos de la antigua Grecia ya identificaron que la alegría emana del reconocimiento de lo común. Básicamente, se preguntaban: ¿cómo sería la vida si yo no tuviera esas cosas sencillas que hacen que mi vida sea buena y tolerable? Si imaginamos que perdemos las cosas corrientes, las apreciaremos aún más. No es de extrañar que lo corriente sea tu arma secreta contra los excesos cotidianos y la basura de la *afluenza*.

HERRAMIENTA PARA LA VIDA
Apreciar y saborear las cosas corrientes

Para este ejercicio, debes prestar atención a las «cosas pequeñas», como las llamaba la Madre Teresa. Cuando este ejercicio se convierta en una práctica diaria, te sorprenderás de todas las cosas que tienes y de las que puedes disfrutar.

Encuentra un lugar tranquilo donde puedas sentarte y reflexionar durante al menos cinco minutos sin que nadie te interrumpa. Lee las cuatro categorías siguientes para identificar y poder apreciar todas las cosas corrientes. Medita sobre ellas o escribe tus pensamientos. Si encuentras que uno o dos de estos métodos son acordes contigo, incorpóralos a tu día a día como antídoto contra la basura emocional cotidiana.

1. *Disfruta de las pequeñas cosas que te resultan placenteras*

Piensa en las pequeñas cosas que estimas y aprecias; pueden ser incluso rituales diarios que aportan orden a tu vida diaria. He aquí algunos ejemplos:

- El café de la mañana
- Leer el periódico
- Dar un abrazo o un beso a alguien especial
- Saludar a un compañero de trabajo con una sonrisa
- Observar a tu hijo mientras se prepara el desayuno
- Sentir el contacto de tus pies con el suelo por la mañana
- Notar en tu cuerpo el agua bajo la ducha
- Apreciar el color de las paredes en tu casa u oficina
- La luz del sol
- El sabor del primer bocado por la mañana
- Un sillón cómodo para sentarte
- El medio de transporte que te permite ir de un lado a otro

2. *Observa las cosas corrientes que tienes más cerca*

Observa lo que te rodea. ¿Qué cosas corrientes y que tienes cerca pueden hacerte disfrutar?

A lo largo del día adquiere el hábito de formarte una imagen mental de algo corriente que estés haciendo en ese momento, ya sea sentarte en la oficina o llevar a los niños al colegio. Déjate impregnar por la belleza de lo cotidiano. Recuérdate a ti mismo que ese momento es especial y que jamás se repetirá de la misma manera.

3. *Sumérgete en un éxito del pasado*

Del mismo modo que eres capaz de apreciar justo ahora un momento corriente, tal vez también puedas echar la mirada atrás y apreciar un momento del pasado en el que te sentiste orgulloso y feliz.

Ahora piensa en algo de lo que estés orgulloso de haber realizado, ya sea la graduación en tus estudios, ayudar a alguien a alcanzar el éxito, conseguir un ascenso, cuidar de ti mismo o recuperarte de una enfermedad o de un momento difícil en tu vida. Dedica unos buenos cinco minutos a sentirte bien por ese acontecimiento.

4. *Recuerda un gesto amable*

¿Recuerdas una ocasión en la que ayudaste a alguien? ¿O aquella vez en la que alguien te ayudó a ti? ¡Seguro que sí!

Ahora, retén mentalmente ese episodio o ese momento, cuando compartiste una palabra de aliento con otra persona, o viceversa. Piensa que incluso el gesto amable más insignificante y corriente —una sonrisa, una palmada en la espalda, una palabra de aliento— es una poderosa expresión de atención que puede tener efectos de muy larga duración.

¿Cómo puedes aportar amabilidad mediante gestos corrientes al mundo de hoy en día? Comprométete con la amabilidad y escribe tus gestos amables, o compártelos con otros para no olvidarlos.

Capítulo 13

PON FRENO AL TRABAJO
Y A LA VELOCIDAD

Creo que necesito… ¡necesito velocidad!

MAVERICK y GOOSE, *Top Gun*

No hay duda de que, en la cultura y en el mundo modernos, necesitamos velocidad. La velocidad lo hace todo más práctico (o eso es lo que nos dicen). Podemos recibir prácticamente cualquier cosa en nuestra casa en uno o dos días. Nos prometen pizzas en menos de treinta minutos. Recibimos respuestas instantáneas de gente que vive muy lejos, gracias a mensajes de texto u otras formas de comunicación. Actividades que antes llevaban horas, como ir al banco y comprar, pueden realizarse ahora a distancia presionando unas cuantas teclas en un móvil o un ordenador. Incluso comprar productos en persona puede hacerse ahora sin perder tiempo en operaciones con dinero en efectivo, ahorrando unos segundos. Hasta aquí todo bien ¿no?

Querer hacer las cosas más deprisa no tiene en sí nada de malo. Pero si estamos ahorrando tanto tiempo en todas esas cuestiones prácticas, ¿por qué nos sentimos tan estresados? ¿Por qué parece que corremos cada día más y más deprisa? ¿Por qué parece que tenemos tan poco tiempo para reflexionar o simplemente para respirar hondo? Es porque estamos empleando todo ese tiempo «extra» en hacer aún más cosas. Intentamos embutir dos vidas de experiencias en una. Tratamos de tener un trabajo satisfactorio, ser padres o madres comprometidos, divertirnos con los amigos, disfrutar con aficiones interesantes, leer nuestros libros favoritos, comer en ese exquisito restaurante nuevo, hacer ejercicio y preparar una fiesta genial. Como resultado de todo ello sentimos a menudo como si la vida estuviera a punto de estallarnos en las manos. Solo hay un número limitado de transiciones que podamos gestionar en un día, y hacerlo bien.

Lo irónico es que, cuantas más cosas tratamos de hacer y en más transiciones nos embarcamos, menos tiempo tenemos para una exploración más profunda.

La multitarea en el trabajo en realidad reduce la productividad. Nuestra ajetreada vida deja poco tiempo para un contacto cara a cara significativo, prolongado e ininterrumpido con familia y amigos. Con poco tiempo para cultivar nuestras propias aficiones, miramos desde la barrera para ver como otros pescan, montan en bicicleta, caminan, cocinan, viajan y participan en la vida. Leemos unas pocas páginas de un libro aquí y allá, pero no tenemos el tiempo suficiente o la serenidad mental necesaria para concentrarnos y leer durante una hora o incluso durante tan solo treinta minutos. En lugar de nadar en los profundos misterios del océano, vadeamos en las aguas poco profundas del estanque.

En un reciente curso dirigí a un grupo durante un breve ejercicio de meditación de cinco minutos. Después, más de una persona comentó que la experiencia les había resultado muy enriquecedora, pero también dijeron que se sentían culpables por haber gastado cinco minutos en «estar presentes». ¡Sentían que deberían haber estado haciendo algo productivo!

La velocidad y las transiciones múltiples son formas de basura emocional diaria que nos mantienen funcionando y sintiéndonos como si no pudiéramos seguir el paso cada vez más rápido de la vida. La velocidad cambia nuestras expectativas, alimentando nuestro impulso de gratificación instantánea. Yo llamo a esto *Las Vegas Nerve*, el nervio de Las Vegas, el 24/7, el consíguelo-ya-o-sé-infeliz. Además, la velocidad se suma al número de transiciones diarias que tenemos que realizar y que pueden dejarnos con sensación de agotamiento si no aprendemos a gestionarlas. Combina la velocidad con el hecho de que, gracias a la tecnología, trabajar a cualquier hora del día y de la noche es ahora más fácil, y obtendrás un potente conjunto de basura cotidiana. El tamaño de tu basura se multiplicará.

Sobre el tema del modo en que vivimos y trabajamos hoy en día, Frederick Taylor escribió en 1911 un libro acerca de la organización racional del trabajo, *The Principles of Scientific Management*. Taylor se presentaba en el trabajo con un cronómetro con la pretensión de aumentar la eficiencia y la productividad laboral. En un principio la gente se resistió a la idea de trabajar como máquinas y sus propuestas fueron contestadas con disturbios e incluso con una investigación del Congreso. Más de cien años después las ideas de Taylor forman parte del sistema de trabajo y de la mentalidad estadounidense. Incluso en los campos de la medicina y de la atención sanitaria, el tiempo que se dedica a los pacientes se ha visto reducido. El aumento de la productividad da lugar a un mayor agotamiento de los médicos. Ahora somos más rápidos y productivos, pero ¿a qué precio?

Para comprender mejor los efectos de una vida a ritmo acelerado, el psicólogo social Robert Levine decidió medir el ritmo de la vida en grandes urbes de todo el mundo. ¿De qué modo afecta la vida urbana a la salud? Su investigación, publicada en el *Journal of Cross-Cultural Psychology*, analizó la velocidad de la vida en treinta y un países distintos [1]. El estudio utilizó dos modos de valorar la velocidad en cada localización. En primer lugar, los investigadores midieron el tiempo que tardaban las personas en recorrer andando una manzana en hora punta. También midieron el tiempo que tardaban los carteros de correos en completar una determinada tarea.

El trabajo de Levine puso de manifiesto las enormes diferencias de velocidad entre las distintas sociedades en todo el mundo. Japón se llevó el premio al país más rápido, junto con varios países de Europa occidental. En términos generales, el ritmo de la vida era más rápido en las áreas económicamente más desarrolladas, en las ciudades más frías y en los lugares que los investigadores denominaron «culturas individualistas». Pero el aspecto que realmente más llamó la atención fue que las ciudades más rápidas presentaban tasas considerablemente más altas de muerte por cardiopatía y niveles aumentados de tabaquismo. Se observó asimismo que las personas que vivían en lugares más rápidos no eran tan proclives a ayudar o a tender una mano a los desconocidos. Si vives en una ciudad de este tipo, ¿qué opciones tienes?

Alan, un joven de veinticinco años, trabajaba en un almacén y cobraba un buen sueldo, pero era víctima de la velocidad y la eficiencia. Su trabajo consistía en conducir una carretilla elevadora y mover grandes palés hasta un muelle de embarque. Apreciaba a su jefe y había sido ascendido varias veces. El único problema era la velocidad. El flujo de trabajo y las actividades de Alan en el almacén eran supervisados muy de cerca por un dispositivo GPS, que llevada colgado del cuello. Cada vez que recogía un nuevo palé, el dispositivo empezaba a cronometrarle. Cada trayecto desde el almacén hasta el muelle era cronometrado y registrado. Con el tiempo, Alan no pudo seguir aguantando tanta presión. No podía dormir, le preocupaba no ser lo suficientemente rápido o eficiente y que pudiera perder reconocimiento. Al poco tiempo empezó a tener ataques de pánico en el trabajo, hasta que finalmente dejó de rendir. Se tomó una semana de permiso en el trabajo, que pareció ayudarle, pero muy pronto sus síntomas volvieron.

Cuando en un principio vino a verme, él solo quería que lo «arreglara». Tras algunas preguntas, me enteré de que Alan no era el único en su lugar de trabajo que estaba pasándolo mal por esa exigencia de mayor velocidad y productividad. Otros habían sido incapaces de aguantar la presión y habían terminado abandonando. Aunque trabajamos juntos para reducir su ansiedad, Alan acabó por darse cuenta de que ese trabajo no era bueno. ¿Podía forzarse a sí mismo para adaptarse a esa presión de ser como una máquina? Probablemente sí. ¿Sería saludable, satisfactorio y sostenible para él a largo plazo? Probablemente no.

REDUCE EL RITMO
MEDIANTE TRANSICIONES CONSCIENTES

Esto es lo que tienes que saber acerca de las transiciones: tienden a incrementar el nivel de estrés y de ansiedad de la persona. Lo hacen porque, cuando nos encontramos en una transición, no tenemos la certeza de lo que va a ocurrir. No es que las transiciones en sí mismas sean negativas; el problema está en *el modo* en el que nosotros realizamos la transición. Si somos capaces de abordar las transiciones de manera consciente, con atención plena, tal vez no sintamos el mismo nivel de preocupación y ansiedad. Existe además un fuerte componente social. Por ejemplo, cada vez que sales de casa por las mañanas, estás realizando una importante transición desde tu base de operaciones. Siempre que nos vamos, echamos de algún modo el cierre, al mismo tiempo que mantenemos cierta sensación de conexión. ¿Cómo saliste de casa esta mañana? ¿Diste un abrazo a tu pareja o a alguna otra persona en tu casa? ¿Mencionaste que os mantendríais en contacto a lo largo del día?

Cuando trabajo con parejas, me gusta preguntarles por algún pequeño cambio que les gustaría que hiciera su pareja para mejorar la relación. Hago hincapié en que el cambio debe ser realista y posible. La mayoría de las veces, el cambio requerido se centra en una transición sencilla, cotidiana. Una mujer quería que su pareja le diera un beso de buenas noches antes de irse a dormir. Un hombre quería que su mujer, por la mañana, se levantara de la cama, le diera un abrazo y le dijera «Que tengas un buen día», antes de salir por la puerta para irse a trabajar.

Del mismo modo, cada vez que entramos en un sitio, ya sea nuestra casa, el lugar de trabajo o la consulta del médico, es importante que nos sintamos seguros y participativos. Un hombre con el que trabajé dijo que quería que su pareja dejara de ver la televisión cuando él llegaba a casa, para saludarse y hablar cinco minutos. También había una mujer que se sentía inquieta cuando iba a trabajar porque nadie la saludaba al llegar a la oficina. Todos tenían la vista pegada al ordenador. Hicimos el plan de que estableciera contacto con una persona a la que conocía bien. Este simple cambio la ayudó a sentirse más segura y parte del equipo.

Existen muchos tipos distintos de transiciones. Se produce una transición cuando nos movemos físicamente de un lugar a otro. También tienen lugar transiciones cuando pasamos de una tarea a otra, como de escribir un correo a planear la lista de la compra. Como ya he mencionado, las transiciones son también sociales y se producen cuando nos alejamos de personas o volvemos a ellas en la vida. Las transiciones puedes ser también emocionales, pudiendo tener su causa en un cambio en nuestra sensación de seguridad. Una discusión con un compañero de trabajo o con nuestra pareja sentimental, por ejemplo, puede llevarnos, en un momento, a una transición de la calma al malestar. Todas estas transiciones pueden resultar difíciles. ¿Cuál de estos tipos de transición crea, en tu caso, más basura emocional? ¿Cómo respondes a estos distintos momentos transicionales?

He aquí cuatro formas básicas de gestionar las transiciones.

1. **Reduce el número total de transiciones al día.** Al limitar tus transiciones, estás reduciendo de manera natural el grado de incertidumbre y ansiedad al que has de enfrentarte. Es una forma de simplificar la vida. Supongamos, por ejemplo, que tu lista de tareas pendientes para el día incluye hacer ejercicio, ir al médico, hacer la compra, ir de tiendas, encontrar un regalo para unos amigos que se casan, planear la cena del fin de semana y recoger a los niños a la salida del colegio. En lugar de concentrar todo esto en un solo día, puedes aligerar la carga agrupando dos o tres actividades físicamente próximas y creando otro grupo de cosas que puedes realizar al día siguiente. Al reducir el número

de transiciones que realizas en un día, disminuyes la ansiedad y logras una sensación de mayor sencillez, calma y paz.

2. **Limita el número de proyectos diferentes al día.** Pasa una parte importante de tiempo concentrado en un mismo proyecto, en lugar de saltar de un lado a otro entre varios proyectos. Los estudios indican que este enfoque es más productivo y te mantiene más centrado. Reserva Facebook y otros medios de comunicación social para un breve bloque de tiempo, en lugar de acceder a ellos a menudo. Cuando estés realizando una actividad, debes estar plenamente presente en la misma. Sé consciente del momento en que tu atención se evade de la tarea que tienes entre manos. Mediante esta estrategia, rendirás más y te sentirás mentalmente menos cansado y disperso.

3. **Presta atención a tu transición cuando sales y cuando entras.** Cuando te vayas de algún sitio, o cuando lo haga otra persona, asegúrate de crear una sensación de conclusión y al mismo tiempo de conexión, ya sea a través del tacto, de palabras, de un gesto o de una sonrisa. Cuando entres en algún sitio, o lo haga otra persona, asegúrate de hacer lo necesario para que esa persona se sienta bienvenida, segura, por ejemplo, estableciendo contacto directo con los ojos, levantándote para saludar o apagando tu dispositivo electrónico. Crea el ritual que prefieras, como un apretón de manos o un abrazo.

4. **Frena y sé consciente de tu transición.** No te apresures en tus transiciones, como si fueran pesadas tareas. Trata incluso el episodio más corriente —como recoger la mesa después de cenar— con sensación de curiosidad o sacralidad. En ciertas tradiciones espirituales las tareas más mundanas —como limpiar los baños o fregar los suelos— son llevadas a cabo por los estudiantes más avanzados. Ello se debe a que estos estudiantes comprenden que cada momento encierra la semilla y el don de la presencia, sin importar la actividad que estés realizando. Este sentimiento queda sintetizado en la conocida frase zen «corta madera, acarrea agua».

Si vas caminando a recoger el correo ¿por qué corres? ¿No puedes esperar más para ver todo el correo basura y las facturas que te esperan? Camina despacio hasta el buzón. Siente cómo tus pies contactan con el suelo, nota la milagrosa forma en la que se mueve tu cuerpo. Nota tus dedos sobre el buzón. Percibe cómo lo abres y metes la mano. Nota las diferentes texturas de las cartas mientras mueves y ordenas el correo entre las manos. Observa toda esta danza del correo con asombro, ¡pues no hay dos paseos idénticos al buzón de correos! ¿Prefieres perderte todo esto solo para pasar a la siguiente tarea, y luego a la siguiente, como un robot?

Una transición sensata requiere atención, planificación, esfuerzo y disciplina. Si seguimos adelante durante el día sin pararnos a pensar, considerándonos libres para decidir y hacer, podemos estar perdiéndonos la verdadera libertad de efectuar transiciones de forma plenamente consciente. El maestro sufí Inayat Khan y el monje budista Ajahn Amaro hacen hincapié en este punto, cada uno a su manera:

El camino de la libertad
no conduce a la meta de libertad;
es el camino de la disciplina
el que conduce a la meta de libertad.

INAYAT KHAN,
The Gayan: Notes from the Unstruck Music [2]

La madre no deja que el niño
haga todo lo que el niño quiere hacer;
es necesaria cierta disciplina.

AJAHN AMARO [3]

HERRAMIENTA PARA LA VIDA
Aprópiate del momento presente

Este ejercicio es una herramienta portátil y multiusos para gestionar las transiciones y combatir la ansiedad. Puedes utilizar este método en cualquier momento, cuando necesites serenarte antes o después de una transición o cuando sientas que tu mente está demasiado ocupada o funciona a demasiadas revoluciones y lo que tú deseas es estar más presente en el momento.

Busca un lugar tranquilo donde puedas realizar este ejercicio durante al menos cinco minutos, para empezar. Una vez que te hayas familiarizado con la manera de «apropiarte» del momento presente, puedes acortar el proceso y realizarlo en apenas un minuto, si así lo deseas.

Siéntate en un sillón cómodo y realiza un par de respiraciones, largas y tranquilas. Presiona los pies contra el suelo y siente conexión con la tierra. Puedes pensar en tu árbol favorito; imagínate a ti mismo conectado y enraizado en la tierra como un árbol.

Ahora levanta las manos hasta la altura del centro del corazón, con las palmas enfrentadas, a una distancia aproximada de unos 30 centímetros. Nota la tensión que supone mantener los brazos y las manos en el aire en esta posición.

A continuación, muy despacio, acerca las manos hasta sentir una ligera o sutil sensación de energía, presión, tibieza o calor entre ellas. Detente cuando tengas esta sensación, y mantenla durante un momento. Observa la sensación. ¿Es constante ese calor, la tibieza, la energía o la presión? ¿O varía ligeramente por momentos?

Ahora acerca suavemente un poco más las manos hasta que las yemas de los dedos casi se toquen, de forma suave y ligera. Imagina que las moléculas de las yemas de los dedos de tu mano derecha danzan con las moléculas de las yemas de los dedos de tu mano izquierda. También puedes pensar en qué danza pueden estar interpretando: un foxtrot, una samba, un tango, un vals o un twist.

Sigue acercando las palmas hasta que se toquen ligeramente. Al hacerlo, percibe el modo en que los dedos se estiran y la acumulación de más calor entre las palmas. Siente incluso el sutil cambio de postura de las muñecas.

Con las palmas juntas, detente un momento para sentir tu cuerpo, que es un precioso don que todos poseemos. Durante diez o más segundos, reflexiona sobre las sabias palabras del escritor y exsacerdote John O'Donohue, que escribió: «Tu cuerpo es el único hogar en el universo» [4].

Ahora dedica un momento a tensar y relajar el cuerpo. Mantén las palmas de las manos en contacto y eleva los codos hacia los lados. Presiona solo con el 10 por ciento de la presión que seas capaz de ejercer. A continuación haz presión con las manos más intensamente, hasta un 20 por ciento de tu capacidad de presión total. Deja de hacer presión si sientes algún dolor. Presiona solo lo que puedas, sin experimentar dolor ni molestia alguna.

Observa la tensión en tus brazos. ¿Se extiende a las muñecas, los codos, los hombros, los omóplatos, la espalda y el pecho? ¿Sientes que se acumula más calor en las palmas de las manos? ¿Qué músculos notas tensos? Al cabo de unos cinco segundos deja que tus hombros y codos se relajen y desciendan. Suelta toda esa tensión. Nota el alivio que supone soltar la presión y la tirantez del cuerpo.

Por último, ve separando muy despacio las manos, como el capullo de una flor abriéndose con el sol de la mañana. Siente el frescor en las manos al disiparse el calor. Deja que el peso de la gravedad empuje tus manos y brazos, hasta que se posen lentamente, como las hojas de un árbol, en tu regazo o tus piernas.

Inspira e imagina que ese aliento es una luz dorada procedente de la coronilla, o de la nariz o de la boca. Deja que esa luz inunde todas las partes de tu cuerpo donde hay tensión, presión o una emoción negativa. Al expulsar el aire, imagina que este arrastra toda la tensión, la opresión o la emoción negativa hacia abajo, por las piernas, y hacia fuera a través de las plantas de los pies hasta la tierra, para su reciclaje.

Realiza ahora otra buena inspiración y, al expulsar después el aire, imagina que cualquier resto de tensión es conducido hacia abajo por las piernas y a través de las plantas de los pies, de donde fluirá hasta la tierra para su reciclaje. Si lo deseas, inspira de nuevo para eliminar cualquier resto de tensión.

Si lo prefieres, permanece sentado aún durante un momento, simplemente apreciando la manera en que tu cuerpo sigue tus instrucciones y es portador de tu conciencia para que puedas alcanzar tus objetivos en la vida. ¡Qué maravilla!

Capítulo 14

LA ESPERANZA COMO FUERZA NATURAL LIMPIADORA

La negatividad es totalmente antinatural. Es un contaminante psíquico y existe un profundo vínculo entre la contaminación y la destrucción de la naturaleza y la vasta negatividad que se ha acumulado en la psique humana colectiva.

ECKHART TOLLE, *El poder del ahora* [1]

LA basura emocional del cinismo y la negatividad del día a día es un auténtico contaminante. Ahora más que nunca, necesitamos la naturaleza como piedra angular de la esperanza y la sabiduría. La naturaleza posee la habilidad única de barrer la capa de cinismo y hacer que brote el manantial de esperanza que subyace dormido. Cuando hablo de esperanza, pienso en ella como en algo que es real, no hipotético.

Probablemente te resulte familiar el mito griego de la caja de Pandora. Para algunos el nombre de Pandora, diosa de la naturaleza, podría traducirse como «la que todo lo da». Cuenta el mito que la diosa de la naturaleza que todo lo da abrió esta caja, el contenedor de los aspectos más negativos. Encerraba todos los demonios, males y sufrimientos del género humano. En el más amplio sentido del mito, la caja de Pandora es el recipiente de todo cuanto no podemos desentrañar. Es el conjunto de todas las cosas con las que nos resulta imposible lidiar.

Pandora cerró la caja, pero no lo suficientemente deprisa como para impedir que escaparan plagas de desorden y confusión emocional. Todo esto suena a historia desafortunada. ¿Qué podíamos hacer nosotros los humanos con el aterrador y abrumador contenido de esa caja? Todo parecía perdido hasta que se descubrió que quedaba algo en la caja de Pandora. Se trataba de un pequeño pero potente antídoto: la esperanza.

Visto de otro modo, solo liberando nuestra basura emocional podemos conectar con la esperanza. Mientras sigamos aferrados a la desesperación y a la negatividad, la esperanza seguirá enterrada, ilocalizable e inalcanzable bajo toda nuestra montaña de basura. Afortunadamente, después de todo, la esperanza no es algo tan insignificante y carente de poder. El psicólogo Erik Erikson escribió en una ocasión: «La esperanza es la virtud inherente al ser vivo más antigua e indispensable. Si se trata de mantener la vida, la esperanza debe persistir, incluso cuando la lealtad está herida, y la confianza dañada»[2].

El mito de Pandora nos dice que a través de la naturaleza podemos acceder al don sublime, enriquecedor y transformador de la esperanza. Gracias a nuestra profunda conexión con la naturaleza, somos testigos del misterio de los ciclos de la vida. No estamos perdidos; las lecciones de naturaleza nos ofrecen consuelo. Crecemos para comprender que el descubrimiento, la destrucción, la desesperación, la sinceridad, la esperanza, el renacer y la renovación se suceden del mismo modo que el alba de la mañana sucede a la oscuridad de la noche.

La naturaleza augura el camino hacia una paz mayor, hacia la plenitud y la liberación de los venenos existentes. Si no respetamos la naturaleza, si no la custodiamos y guardamos, morirá. Y con ella, tal vez, muera también la esperanza que sostiene nuestros mejores sueños.

La esperanza, por supuesto, tiene que hacerse real.

¿Cuás es el propósito real de la esperanza? Henry David Thoreau lo expresó muy bien al escribir: «Actuar sobre la calidad del día, esa es la mayor de las artes». La esperanza es capaz de conseguir esto de muchas maneras maravillosas y aparentemente insignificantes. Y sí, la difusión de la esperanza es una forma de arte, ya que tu manera de expresarla es única en función de quién eres, de dónde y de cómo la uses, ya sea en tu profesión, en casa o en tu vida diaria.

La verdad es que ningún sistema educativo, ninguna tribu, cultura o institución quebrada puede cambiar sin esperanza. Ningún niño, ninguna persona o familia rota puede sanar sin esperanza. Ningún mundo desgarrado puede encontrar la paz sin esperanza. Y así, como punto de partida, ¿por qué no plantar semillas de esperanza y optimismo a tu alrededor, en tu vida y en tu comunidad?

Puedes sembrar la semilla de la esperanza con tu paciencia y con una palabra amable mientras esperas haciendo cola en la caja del supermercado; puedes plantarla con cada decisión compasiva que tomes en tu puesto de trabajo; puedes plantarla siendo paciente y comprensivo con los seres queridos tras un día difícil; y puedes plantarla consultando con tus compañeros cuando necesites una solución sensata para algún problema difícil.

La esperanza toma muchas formas y, nos guste o no, siempre nos lleva a reconocer que nos encontramos todos flotando en el mismo barco, ciudad, estado y planeta. Es un barco con fugas, y tú no puedes tapar solo los agujeros. Esa es la razón por la cual la esperanza reconoce también que cuando una persona sufre —por indignidad, pobreza, crueldad, injusticia y prejuicios— todos sufrimos

De modo que cuando ofreces esperanza a alguien, alivias el sufrimiento. Con la esperanza, con cada acto pequeño y compasivo, realmente estás cambiando el mundo. Sea cual sea tu vocación, sean cuales sean tus funciones y responsabilidades, uno de tus trabajos más importantes consiste en ofrecer esperanza a quienes tienen poca o ninguna.

La pregunta sigue siendo, sin embargo, cómo accedemos al poder limpiador de la naturaleza y la esperanza. ¿Cómo podemos actuar como una cuadrilla de pioneros labradores y esparcir y sembrar semillas de esperanza y cambio positivo con cada paso que demos y allá donde vayamos? Es más fácil de lo que cabe pensar.

✦ ✦ ✦

Cuando me divorcié, pasé por un oscuro periodo de desaliento y desesperación. Yo siempre había pensado que el divorcio era algo que les pasaba a los demás; nunca imaginé que me ocurriría a mí. Aun así, mi mujer y yo acordamos separarnos y el día de Nochebuena se fue a pasar un tiempo con su hermana a Atlanta. Mientras tanto pasé las noches siguientes solo en la fría casa, sintiéndome perdido, como un barco a la deriva en el turbio y picado océano.

Llegó principios de enero y en casa hacía un frío helador, porque no estaba dispuesto a gastarme entre trescientos y cuatrocientos dólares al mes en calentarla. Tenía leña con la que encendía la chimenea de vez en cuando, aparte de andar por casa con un grueso jersey de lana y gorro de esquiar. Mientras estaba acurrucado junto a la chimenea, intercambié con mi mujer varios emails desgarradores. Ambos desprendíamos un tono triste, temeroso y desanimado, y ello me dejó una sensación de profunda desesperanza. Yo quería encontrar una solución, pero me resultaba tan impenetrable y frustrante como un cubo de Rubik, un rompecabezas imposible de resolver.

Sin saber qué hacer, fui a la parte trasera de la casa y miré fuera. El cielo estaba claro y limpio como un vaso de cristal. Como había hecho tantas otras veces en momentos difíciles del pasado, busqué fuera la paz, la belleza y el consuelo de la naturaleza. De modo que salí, sintiendo el aire gélido en la cara y las manos. Me calé el gorro de esquiar hasta las orejas, di unos pasos por el verde y me senté en un banquito frente a un abeto y unos cedros. Alcé la mirada hacia las copas de los árboles que se mecían suavemente y hacia el inmenso cielo estrellado. Lo que hice después puede sorprenderte. A mí también me sorprendió.

Dejé marchar mis preocupaciones.

Has leído bien. Lo liberé todo, se lo di a los árboles, al cielo, a la mano infinitamente más grande y más sabia de la naturaleza (lo Divino, el Misterio, Dios o como quieras llamarlo). Fue sencillamente como abrir una jaula y dejar volar libre a un pájaro cautivo. Los ojos se me humedecieron y, sencillamente, dejé marchar todo, el no saber, la incertidumbre, el dolor, la angustia, el deseo de solución, el miedo, la tristeza, la duda, el anhelo de que todo fuera distinto. Entregué de este modo mis preocupaciones, sin esperar nada, como las lágrimas que me caían por la cara.

Resulta difícil describir lo que sucedió después. Sentado ahí, perdí la noción del tiempo. El «yo» individual —el «Donald» que estaba convencido de que todo esto estaba sucediéndole a él y que se identificaba con todo— entró en suspensión, quedó oculto. No me preguntes dónde fue a parar. Tal vez simplemente se hizo un poco más pequeño, un poco menos importante, ya que, con el «Donald» reducido de tamaño, la sensación del frío banco o del suelo helado dejó de existir. Solo había expansión, espacio, sensación de conexión. Dejo de existir ese individuo aislado que miraba el cielo y los árboles. De algún modo, «Donald» fue absorbido por ese gran cuadro, por la catedral de árboles y por el negro misterio de espacio y estrellas.

Entonces me quedé sin palabras, pero ahora ya sé cómo describirlo:

Era todo una bendición.

Todo es una bendición. Lo bueno, lo malo, el divorcio, los miedos, el acuerdo económico. Sí, todo era una bendición. Mi deseo era encontrar una solución, algo concreto que remediara mis problemas, pero, en cambio, había recibido una solución para el alma, se había abierto ante mí un camino inesperado que me dio la esperanza que tanto necesitaba para seguir adelante pensando que todo iría bien.

No sé durante cuánto tiempo perdí a mi «yo» en el gran cuadro. Solo sé que de repente estaba inmerso en un vasto y profundo océano de paz y tranquilidad.

De pronto, como un cañonazo, me sentí de vuelta en mi cuerpo y en el jardín. Tenía los pies entumecidos, me dolían. Las manos agarrotadas y enrojecidas por el frío (y por la tontería de no ponerme guantes). Tiritando, me puse de pie y entré rápidamente de nuevo en casa y metí en la chimenea tantos troncos de leña como pude encajar y encendí un hermoso y cálido fuego.

Más tarde, esa misma noche envié un breve email a mi mujer contándole mi experiencia. Esperaba que aquello la ayudara también a ella, ya que sin duda había ayudado a «Donald» —o a quienquiera que estuviera ahí dentro— a saber que había algo más en juego que mis pensamientos limitados y mi propio interés.

Por si te lo estás preguntando, la sensación de expansión que tuve aquella noche no permaneció conmigo. Durante el proceso de divorcio seguí experimentando miedo, rabia y malestar de todo tipo. Pero cuando me sentía así, me recordaba a mí mismo que la naturaleza me había hablado de cómo *todo es una bendición*, aun cuando yo no lo creyera en ese momento.

Años más tarde la naturaleza sigue transportándome a un lugar sabio y sanador al que la mente lógica y racional no tiene acceso. Es difícil predecir de qué modo puedes tú conectar con la naturaleza. Tal vez salgas a dar un largo paseo a orillas del mar, por el bosque o por algún otro lugar bendito. Quizá ames las montañas. No tienes que ser especialmente religioso o espiritual para que la naturaleza te envíe su fuerza cargada de sabiduría, luz y esperanza, que sana y despeja el desorden mental.

ACCESO A LOS PODERES DE LA NATURALEZA

A principios de la década de 1970 el psicólogo Stephen Kaplan lideró la investigación en el campo conocido como la teoría de recuperación de la atención. Este trabajo ha ayudado a explicar el cautivador y envolvente poder de la naturaleza, que Kaplan denominó «atención involuntaria».

La atención voluntaria, por su parte, es la que utilizas para tomar decisiones, estudiar, trabajar en un plan de negocios, hacer la lista de la compra o cruzar una calle con mucho tráfico. Esta forma de atención gasta energía mental y puede dejarte agotado (piensa en cómo te sientes después de trabajar en un proyecto durante varias horas), mientras que la atención involuntaria repone tu energía mental, refresca la mente, la palabra, etc.

El estudio de Stephen Kaplan puso de manifiesto que dedicar tiempo a observar la naturaleza tiene numerosos efectos beneficiosos.

Por ejemplo, apenas unos minutos en la naturaleza pueden restablecer tu capacidad de pensamiento y de concentración. Se ha demostrado que contemplar la naturaleza ayuda a la gente en los hospitales a curarse antes. La naturaleza reduce el estrés, la agresión, la ira e incluso los estados depresivos leves.

Un estudio publicado en la revista *Computers in Human Behavior* analizó el modo en que el tiempo transcurrido en la naturaleza podía ayudar a los preadolescentes a recuperar su capacidad de reconocimiento de señales emocionales no verbalizadas [3]. Participaron en el estudio un grupo de cincuenta y un estudiantes preadolescentes y se evaluó su capacidad de reconocimiento de señales faciales y emocionales. Se observó que estas aptitudes eran limitadas, pues los estudiantes cometieron muchos errores a la hora de nombrar las emociones. Después se llevó a los estudiantes de acampada a un entorno natural, donde les fueron retirados los móviles y otros dispositivos con pantalla. Durante cinco días, los estudiantes participaron juntos en distintas actividades. Con apenas cinco días de contacto interpersonal y de exposición a la naturaleza, este grupo mejoró de manera importante su capacidad para reconocer y nombrar correctamente los signos emocionales en una nueva prueba. Los resultados parecen indicar que la naturaleza puede revertir los efectos de muchos tipos de desorden físico y emocional.

En ocasiones la naturaleza proporciona un impulso de entendimiento cuando ninguna otra cosa funciona. Wendy, una clienta de sesenta y cuatro años, compartió conmigo su relato vital de desesperanza. «Todas las mañanas voy a trabajar, entro en mi oficina, cierro la puerta y lloro», me contó con voz temblorosa. «Están despidiendo a todo el mundo. Se han ido ya la mayoría de mis amigos y sé que pronto me llegará el turno». Para empeorar las cosas, la hija adulta de Wendy había perdido su trabajo y su casa y había vuelto a vivir con su madre. Para Wendy eso significaba que no podía jubilarse aún.

Trabajé con Wendy utilizando terapia cognitivo-conductual. Ayudó un poco, pero su miedo y sus preocupaciones reaparecieron. Un día, vino a la consulta con una expresión distinta. Tenía aspecto de resolución y determinación y desprendía calma y paz. Le pregunté qué era lo que le había cambiado tanto el semblante.

«Salí al aire libre en el descanso del trabajo a media mañana y me senté en un banquito en el jardín del parque empresarial», me contó. «Estaba sentada ahí, mirando ese árbol desde las ramas superiores y después hacia abajo, hasta el suelo, cuando me di cuenta de algo en lo que no había reparado antes. Se trataba de unas enredaderas invasivas que algún jardinero había cortado. Pero las enredaderas habían empezado a crecer de nuevo». Su voz brillaba mientras se inclinaba hacia delante. «Las vi y se me ocurrió: soy como esa enredadera. Mi naturaleza es seguir adelante, no renunciar. Las enredaderas no han parado de crecer solo porque un jardinero las haya cortado. Tampoco yo lo haré. ¡Esa soy yo!».

Poco después, Wendy perdió su trabajo tal y como esperaba, pero no se desanimó. El entendimiento que le había otorgado la naturaleza le proporcionó lo que necesitaba para continuar su viaje, pues encontró otro trabajo en un tiempo récord.

Las ideas propuestas a continuación te enseñarán a utilizar esta fuente de esperanza en el día a día. Para mí la naturaleza es como una vitamina: la vitamina N.

HERRAMIENTA PARA LA VIDA
Invita a la naturaleza

Estas son dos formas diferentes de conseguir tu dosis diaria de vitamina N. Sé creativo cuando estés en contacto con la naturaleza y pronto te darás cuenta de que estás estableciendo conexión varias veces al día, aunque solo sea durante unos segundos aquí y allá. Estos momentos de presencia con la naturaleza son formas restauradoras y poderosas de trascender el mundo de los pensamientos y detenerte en el aquí y ahora. Ten paciencia cuando invites a la naturaleza, porque, como se dice en el *Tao Te Ching*, «Las aguas más suaves esculpen hasta las más duras piedras».

Meditación de cinco segundos en la naturaleza

Durante el tiempo que dura una inspiración y una espiración, descansa la mirad en la naturaleza. Inspira y, al hacerlo, impregna tu cuerpo y tu mente del entorno natural, dejando que se asiente en tu ser celular a todos los niveles. Expulsa con el aire cualquier tensión, tirantez o negatividad en tu cuerpo o en tu mente, dejando que salgan por las plantas de los pies, de vuelta a la tierra.

Percibe alguno de los siguientes elementos para tu meditación de cinco segundos en la naturaleza:

Un árbol
Una planta
Un ave, un animal o una mascota
El cielo
La tierra
Una hoja
Una rama
Una nube
El aire vacío
Agua (de un río, un lago, una taza, un grifo o una fuente)
Tu cuerpo en movimiento mientras respiras
Otra persona
Un trozo de papel (y las nubes, árboles y nutrientes de
   los que procede)
Un lápiz (y los árboles, el agua y los minerales de los que
   está hecho)
Una taza de café, té u otra bebida

Meditación mirando el cielo

La meditación mirando el cielo es una manera de conectar tu mirada con la naturaleza. Comienza perdiendo la mirada en el cielo o en el horizonte, para después, poco a poco, enfocar un árbol u otra planta más cercana.

Este ejercicio breve y sencillo puede realizarse en interiores o al aire libre y lleva apenas unos minutos. Realízalo siempre que sientas la fatiga que produce el desorden mental o te sientas agobiado. Este ejercicio de meditación te ayudará a centrarte y a refrescarte, calmando tu ocupada mente. Después de realizarlo, te sentirás probablemente más fresco y listo para concentrarte.

Aunque puedes adaptar el ejercicio a interiores utilizando una planta de cualquier tamaño, lo ideal es que lo realices al aire libre con un árbol y la visión del cielo o del horizonte. Sigue los siguientes cinco pasos durante aproximadamente cinco minutos:

1. En primer lugar, sal fuera y encuentra un lugar desde el que puedas ver un gran árbol y, por detrás y por encima, el cielo, de manera que tu vista pueda realizar fácilmente la transición del cielo al árbol desde el mismo lugar. Si es posible, sitúate de pie a poca distancia del árbol. Si no puede ser, ponte de pie lo bastante cerca como para ver los detalles de la corteza y las hojas. Intenta escoger un árbol que te resulte agradable y te atraiga, tal vez por el color de las hojas, por la forma de las ramas o del tronco.

2. Para empezar, levanta despacio la cabeza y pierde la mirada tan lejos como puedas en el cielo. Visualiza que liberas o dejas marchar todos los problemas y preocupaciones hacia la espaciosidad que se extiende por encima de ti. Deja marchar la incertidumbre, el no saber, el miedo, la tristeza, la duda e incluso el deseo de que todo sea de otro modo. Libera todo al cielo, que es infinitamente espacioso y lo suficientemente grande para albergar todas las preocupaciones del mundo. Permanece así tanto tiempo como necesites, dejando marchar y dejando pasar.

3. Las manos sobre el árbol al mismo tiempo que desvías la mirada desde el cielo hacia abajo hasta el punto en el que estás tocando el árbol. Imagina que tus pies están sólidamente enraizados en

la tierra, como ese árbol. ¿Sabías que los árboles se encuentran entre los organismos más grandes de la Tierra? Siente tu conexión con la gran catedral de árboles que protege nuestro ecosistema y hace posible nuestra vida. Mientras sientes la corteza en tus manos y dedos, déjate absorber por el gran cuadro de nosotros rodeados y sostenidos por el mundo natural.

4. Ahora, comenzando por la base del árbol, dirige suavemente la mirada hacia arriba. Presta atención a los detalles más pequeños, desde la textura de la corteza y los cambios en la coloración hasta los puntos donde aparecen nuevos brotes. Sigue ampliando el foco hasta que tu mirada alcance las más altas ramas de la copa del árbol.

5. Descansa la mente agotada mientras sientes la unidad con la naturaleza y la sabiduría que encierra. Aprecia las enseñanzas del mundo natural y de las estaciones y aprende que hay un momento para plantar, para crecer, para cosechar y para descansar. Ábrete a estas enseñanzas en momentos y días venideros.

Cuando termines, reflexiona sobre la experiencia de pasar cinco minutos con la naturaleza de este modo. ¿Cuándo te parece que podría resultarte de mayor ayuda este ejercicio? ¿Qué han sentido al liberar y lanzar tus preocupaciones a la espaciosidad del cielo? ¿Cómo te ha ayudado este ejercicio a distanciarte de la basura emocional y a tener una perspectiva distinta?

Capítulo 15

FLEXIBILIDAD Y SERENIDAD EN TU DÍA A DÍA

Usa el lado de teflón de tu mente, no solo el lado del velcro.

LAMA SURYA DAS, *Words of wisdom* [1]

GRAN parte de nuestro dolor proviene de la basura emocional de resistirnos a la manera en que las cosas suceden. Por ejemplo, ¿con qué frecuencia te resistes a lo que un día cualquiera se te presenta? Supongamos que estás parado en un semáforo y llegas tarde al trabajo. ¿Te invaden la ansiedad y la frustración y maldices la luz roja y al resto de conductores por conspirar contra ti para que llegues tarde? Imagina que te encuentras en la cola del supermercado y alguien saca una interminable tira de cupones en el último segundo. ¿Pierdes la paciencia, echas la mirada a un lado y maldices tu suerte? ¿O maldices tal vez al que compra con los cupones? O quizá estés observando a un abúlico compañero de trabajo que no pone interés o que no trabaja ni la mitad que tú. ¿Los sentimientos de rabia y resentimiento se pegan a ti como el velcro? ¿Cómo resistes el hecho de tener deudas que pagar? ¿Aguantas no tener la carrera o la vida que habías soñado? ¿Respondes a ciegas a situaciones nuevas siguiendo viejos patrones, en lugar de ser creativo y flexible?

Reaccionar a los acontecimientos diarios, ya sean importantes o insignificantes, puede ser todo un reto. Y así es hasta que aprendemos a ser flexibles. La vida no conspira para molestarnos y frustrarnos. Cuando nosotros, sin pensarlo, deseamos que la realidad responda a nuestros limitados planteamientos mentales, a nuestras categorías fijas, a rutinas ciegas, contextos rígidos, atajos mentales y estrechos puntos de vistas, estamos dando pie a montones de innecesaria, injustificada y a menudo inagotable basura emocional. Ser flexible significa doblarte sin romperte, significa actitud receptiva, voluntariosa y de aceptación en relación con lo que la vida te presenta. Cuanto más dúctil seas, más capaz serás de cambiar de rumbo y superar los golpes de la vida, en lugar de ir por ahí dando puñetazos.

En un sentido más amplio, ser más flexibles pasa por no aferrarnos a apegos tóxicos y por dejarlos marchar, ya sea un rígido punto de vista, ya sea un propósito o una recompensa. Esto es bastante distinto a tener deseos y aspiraciones saludables, que son beneficiosos e inspiradores. Pero es posible quedarse estancado en la pegajosa red del apego y en el estrés y la infelicidad resultantes, incluso tratándose de deseos sanos. El truco consiste en no aferrarse a esos deseos o experiencias, por muy sanos que sean, y en dejar a un lado las expectativas y permitir que cada experiencia pase por uno mismo como una brisa. Incluso la persona que se compromete a vivir de un modo plenamente consciente será infeliz si él o ella se aferra demasiado a la idea de estar presente en todo momento. Aunque pueda parecer una paradoja, la actitud de no aferrarse a expectativas y de dejarlas marchar abre el corazón y la mente. Te permite fluir de forma natural, como un río que discurre hacia el océano sin esfuerzo ni preocupación.

TRANSFORMA EL PENSAMIENTO «VELCRO» EN PENSAMIENTO «TEFLÓN»

Mi buen amigo y escritor Randy Fitzgerald me contó una vez la historia de lo que significaba ser un «hombre» en su familia. Este ritual, transmitido de bisabuelo a abuelo y de padre a hijo, ilustra el modo en que el «pensamiento velcro», el mantenerse aferrado a una mentalidad robótica, puede pasar de unas generaciones a otras. He aquí la historia de Randy:

> Cuando tenía ocho años, me dieron una escopeta y me llevaron a cazar con mi padre y un grupo de otros hombres. Mi objetivo al llegar a un gran rancho en el centro de Texas era derribar a mi primer animal de gran tamaño. Me habían contado historias de cómo mi padre, mi abuelo y otros hombres de mi familia lo habían hecho siendo jóvenes.
>
> Estaba amaneciendo cuando me dejaron solo en un puesto de ciervos y me dijeron que esperara ahí hasta que llegara un macho. Mi idea era montar los cuernos en la parte delantera del vehículo y regresar a casa victorioso. Al poco tiempo vi una familia de ciervos aproximándose: un macho, una hembra y un par de cervatillos.
>
> El macho era hermoso, grande, fuerte y elegante. Me quedé observando y esperando en silencio a que se acercaran, mientras pastaban entre la hierba y el follaje. Con el animal a tiro, levanté lentamente mi escopeta y fijé la vista en el ciervo que iba a ser mi trofeo y con el que me ganaría los elogios de mi padre y los demás hombres.
>
> Pero no puede apretar el gatillo. No fui capaz de matar a ese majestuoso ciervo delante de su familia. Sabía que me sentiría culpable si lo mataba; por otro lado, sabía que me avergonzaría y sería ridiculizado por mi padre delante de los demás cazadores si le contaba la verdad sobre por qué no lo habían hecho. Nunca antes había mentido a mi padre, pero cuando me preguntó si había visto algún ciervo, dije «No». No quise ir a cazar ciervos nunca más [2].

Seguir una mentalidad y unas costumbres transmitidas de generación en generación sin cuestionarlas proporciona sensación de pertenencia, pero hay momentos en los que nuestro pensamiento puede realmente afectar a nuestra salud y a la percepción y al pensamiento que tenemos de nosotros mismos. Recuerdo una ocasión en la que acudí a una galería de arte en la que todos los artistas tenían una enfermedad mental identificada, como depresión, trastorno bipolar, etc. Cada artista había escrito una conmovedora biografía personal, describiendo su enfermedad y lo importante que había sido esa enfermedad para su proceso creativo. Aunque las historias personales eran cautivadoras y las obras bellas e impresionantes, no podía evitar preguntarme cómo el hecho de identificarse a sí mismos tan intensamente con una enfermedad mental —o una idea fija— afectaba al crecimiento de esas personas.

Las ideas fijas sobre el envejecimiento son otro ejemplo de la facilidad con la que podemos quedar atascados en la basura emocional cargada de ansiedad, desde los puntos de vista personal y cultural. En su libro *Mindfulness*, la psicóloga social y estudiosa del método de atención plena Ellen Langer describe diversos estudios sobre el envejecimiento, en los que se analizaron los efectos físicos y psicológicos que tiene el cambio de un pensamiento velcro negativo sobre la edad a un pensamiento teflón, más flexible. ¿Podría una visión sobre el envejecimiento de tipo teflón llevar a nuestro cuerpo a un estado más juvenil? Para averiguarlo, Langer reunió a hombres de edades comprendidas entre los setenta y cinco y los ochenta años. Los participantes en el estudio fueron repartidos en dos grupos. El grupo experimental trató de recrear y actuar como las personas que habían sido veinte años antes, cuando tenían cincuenta y cinco años. El segundo grupo —el grupo control— solo pensaba en el pasado tal y como había sido veinte años antes.

Para ayudar al grupo experimental a situarse en el contexto de cuando tenían cincuenta y cinco años, se llevó a los hombres a un centro de retiro rural durante cinco días. Todo en el centro —programas de televisión, anuncios, programas de radio, revistas y música— eran los correspondientes a veinte años atrás. Se animó a los hombres a que hablaran sobre ese contexto como si se tratara del momento presente, en lugar de pensar en él como en un tiempo pasado. Por ejemplo, el grupo veía películas de esos años y las comentaba. También se les instó a que hicieran cosas —como por ejemplo ocuparse de su equipaje— exactamente como habrían hecho si tuvieran cincuenta y cinco años.

Se realizó una videograbación de los sujetos en ambos grupos. Se registraron la postura, el movimiento y la marcha al inicio del estudio y al final, y se realizaron una serie de mediciones físicas. Jueces independientes observaron imágenes de sus caras antes y después para asignar una edad a los participantes en el estudio.

Al cabo de los cinco días se produjeron diferencias importantes entre los dos grupos. Los jueces estimaron que el grupo experimental aparentaba una media de tres años menos. Otros cambios físicos en el grupo experimental (en comparación con el grupo control) fueron mejor audición, mayor flexibilidad y destreza manuales, mayor longitud en los dedos, mejor visión e incluso postura más erguida al estar sentados. El grupo experimental también mostró mejoras importantes en un test de inteligencia presentado a ambos grupos. En *Mindfulness* Langer llegó a la conclusión de que «Los ciclos regulares e "irreversibles" de envejecimiento que se registran en estadios tardíos de la vida pueden ser *producto* de ciertas ideas preconcebidas sobre cómo se supone que se hace mayor un individuo [3]. Si no nos sentimos presionados para llevar adelante estas mentalidades limitadoras, podemos tener mayores oportunidades de sustituir años de declive por años de crecimiento y propósitos». Estos asombrosos hallazgos señalan la importancia de ser más flexibles en el modo de pensar sobre nosotros mismos.

Incluso la terquedad puede ser una forma de pensamiento velcro. Nadie es inmune a ella y nunca olvidaré la época de mi vida en la que me empeñé en ser guionista, cuando vivía en Los Ángeles. En aquel tiempo pensaba que la tenacidad era un requisito necesario para el éxito, y seguía luchando a pesar de los escasos progresos. Por supuesto que, en ocasiones, aferrarse a un objetivo resulta de ayuda, pero a veces la terquedad puede impedirnos explorar otras posibilidades. Cuando me liberé de este rígido patrón de pensamiento, pude pasar al pensamiento teflón y conducir mi vida por caminos inexplorados, algo a lo que hoy estoy agradecido. Y, sobre todo, aprendí una lección acerca de lo que supone aferrarse a algo con excesiva fuerza. No solo puede estar bien dejar pasar las cosas y cambiar de rumbo, es que ¡en ocasiones es esencial para nuestro crecimiento!

Einstein realizaba ejercicios mentales de «y si» que le ayudaban a pensar sobre la relatividad de diferentes maneras. Y nosotros podemos utilizar esos ejercicios para enseñar a nuestra mente a ser más flexible y más parecida al teflón. A modo de experimento mental de teflón, mira a tu alrededor allí donde estés y elige un objeto en el que centrar la atención —una lámpara de escritorio, un ordenador, el televisor, el móvil, un libro, una silla, una mesa, el escritorio, etc. Por ejemplo, céntrate en una lámpara de escritorio. Tú sabes cuál se supone que es la función de la lámpara —dar luz— pero la lámpara podría utilizarse para otros usos. Adopta la perspectiva del teflón y considera qué otras funciones servirían para completar la siguiente frase:

Una lámpara de mesa *podría ser* _____.

Con una mentalidad teflón, una lámpara de escritorio podría ser muchas cosas: un pisapapeles, un calientamanos, un secador de manos, una pesa para hacer ejercicio, un sujetapuertas, o un sombrero, si quitas la pantalla. Ahora, elige otro objeto de la habitación y considera cuántas otras cosas *podría ser*. Una vez más, no digo que vayas a usar realmente ese objeto de todas esas maneras. El objetivo del ejercicio de «y si» es simplemente pensar de un modo más flexible, con una mentalidad teflón. Este mismo pensamiento teflón puede aplicarse a la actitud que adoptas ante cualquier situación. Piensa en cómo respondes de manera automática a un reto cotidiano, como la hora punta por las mañanas. ¿De cuántas maneras puedes acabar esta frase?

Mi actitud hacia la hora punta *podría ser* _____.

Desde el punto de vista teflón, tu actitud en relación con la hora punta podría definirse con distintos términos: aceptación, asombro, diversión, autocompasión, compasión por los demás, disposición y agradecimiento por tener un lugar al que ir en la hora punta.

Ahora considera ese *podría ser* en otros escenarios.

- Mi actitud hacia mi matrimonio/mi relación/mis hijos *podría ser* _____.
- actitud hacia mi trabajo *podría ser* _____.
- Mi actitud hacia la ansiedad *podría ser* _____.
- Mi actitud hacia mi necesidad de control *podría ser* _____.

En ocasiones existe un efecto beneficioso inconsciente o involuntario en nuestro pensamiento velcro. En primer lugar, sabemos exactamente lo que cabe esperar. Por otro lado, el sentirse justamente enfadado por situaciones que están fuera de nuestro control genera mucha basura emocional —y aun así esto nos proporciona una falsa sensación de poder y dominio—. Cuando tienen lugar cosas imposibles en el mundo y en nuestra vida, puede parecer más fácil ignorarlas o despotricar contra los desbarajustes de la vida que aceptarlos. A largo plazo, sin embargo, esta actitud levanta un asfixiante muro de basura emocional.

AFIRMACIONES DIARIAS PARA ROMPER CON EL PENSAMIENTO VELCRO

Un estudio publicado en la revista *Proceedings of the National Academy of Sciences* analizó el modo en que el pensamiento positivo o negativo afecta a la función del sistema inmunitario [4]. Más concretamente, los investigadores quisieron medir si los individuos que tenían altos niveles de actividad de la corteza prefrontal izquierda —que se asocia a optimismo y emociones positivas— mostraban una mayor respuesta del sistema inmunitario cuando se les administraba la vacuna contra la gripe.

Participaron en el estudio cincuenta y dos individuos, a los que les fueron asignadas diversas tareas de memoria emocional. Observando las respuestas y la actividad de la corteza prefrontal, los investigadores identificaron a individuos con tendencia a reaccionar de manera pesimista y a otros que reaccionaban de un modo optimista o positivo.

A continuación, se administró a todos los sujetos la vacuna de la gripe y se les examinó tres veces durante un periodo de seis meses para valorar la cantidad de anticuerpos en sangre, una medida de la respuesta inmunológica del organismo. Los resultados mostraron claramente que la gente con una actitud emocional más positiva presentaba una respuesta inmunitaria más fuerte que los individuos negativos. Richard Davidson, uno de los investigadores del estudio, llegó a la conclusión de que «las emociones desempeñan un papel importante en la modulación de sistemas orgánicos que influyen en nuestra salud» [5].

La preocupación constante motivada por la basura emocional, o pensamiento velcro, crea una pista muy marcada en el cerebro, que suena una y otra vez, como si fuera tu canción favorita, y que ahora sabemos que afecta a la salud del organismo. Las afirmaciones suponen una forma de bloquear viejas melodías negativas, al tiempo que nos proporcionan una sintonía más positiva. Una nueva banda sonora creada mediante una afirmación consciente tiene el potencial de transformar la respuesta emocional e inmunitaria. Al mismo tiempo es necesario que amarremos esos susurros de la mente —esas órdenes sutiles y casi inconscientes— que pueden persuadirnos y hacer que actuemos de manera robótica, automática.

Cuando vayas a usar afirmaciones conscientes, es importante que sientas cualquier resistencia que tengas hacia ellas. El sacar a la luz cualquier resistencia ayuda a desactivarla. También ayuda a comprender lo profunda y firmemente arraigada que puede estar tu basura emocional. En *Scientific Healing Affirmations* el maestro espiritual Paramahansa Yogananda reconocía que las poderosas afirmaciones positivas pueden resultar debilitadas o incluso quedar inmovilizadas por la basura emocional de fondo. Escribía: «Si afirmas "Estoy bien", pero en el fondo de tu mente piensas que no es verdad, el efecto es el mismo que si tomaras un medicamento muy eficaz y al mismo tiempo tomaras otro fármaco de efectos contrarios a los de ese medicamento» [6].

La herramienta para la vida propuesta a continuación muestra el modo en que una afirmación cuidadosamente elegida puede amortiguar tus zonas negativas de basura emocional. Al reprogramar el cerebro de esta manera, eliminarás la rigidez, al mismo tiempo que abrirás las puertas a una mayor flexibilidad y receptividad en tu vida.

HERRAMIENTA PARA LA VIDA
Afirmaciones en positivo

He aquí una serie de afirmaciones que puedes probar. Algunas provienen de diferentes tradiciones y pueden usarse como mantras, esto es, frases sagradas que se repiten una y otra vez. Otras son simples maneras de recordarnos a nosotros mismos lo que queremos en el mundo y cómo queremos ser.

1. *Afirmaciones sobre puntos fuertes y cualidades personales*

- Soy prudente
- Soy inteligente
- Soy solidario
- Soy paciente
- Soy un hombre/mujer con mucho amor y belleza
- Soy una persona abierta y receptiva
- Soy flexible y espontánea
- Soy atrevido
- Soy tranquilo
- Soy positivo
- Transmito motivación, energía y acción
- Soy _____

2. *Afirmaciones de concentración, calma y aceptación*

- No te preocupes por menudencias
- No te lo tomes como algo personal

- No vayas demasiado deprisa, ni demasiado despacio, déjate llevar
- Todo llegará
- Todo lo que necesitas es amor
- Da una oportunidad a la paz
- Es lo que es
- Soy sencillamente yo
- Me merezco tiempo y espacio para sanar
- Lo que está bien, bien está

3. *Afirmaciones de apoyo y conexión espiritual*

- Señor Jesucristo, ten piedad de mí. [Esta antigua oración cristiana es llamada en ocasiones la oración del corazón; pronunciada en silencio a lo largo del día, expresa fidelidad a lo divino y a tus valores.]
- *Om mani padme hum.* [Este mantra tibetano se traduce como «La joya del despertar está en el loto»; es un recordatorio de que debemos estar presentes en el momento y despertar nuestra conciencia.]
- *Om tare tuttare ture soha.* [Este antiguo mantra de Tara, el lado femenino y compasivo de Buda, se traduce como «Bendiciones a Tara, la que salva a otros»; este mantra invoca la energía compasiva de Tara para apoyar nuestros esfuerzos.]
- *Om gum ganapatayei goma namaha.* [Esta antigua oración hindú de Ganesha puede traducirse como «Saludos a Ganapati, o Ganesha, el que elimina obstáculos».]

¿Cuál de estas afirmaciones te llega más?

No hay una manera correcta o equivocada de usar las afirmaciones. Puedes escribir tu afirmación favorita en una tarjeta y llevarla siempre encima. O puedes guardar tus afirmaciones favoritas en el móvil y consultarlas a lo largo del día.

Estas afirmaciones son solo un ejemplo. En todas las tradiciones existen afirmaciones espirituales para prácticamente cualquier cosa, desde la felicidad hasta la prosperidad. Asimismo, puedes adaptar cualquiera de las afirmaciones arriba citadas de manera que sean más adecuadas para ti.

Como cualquiera de las demás herramientas para la vida de este libro, esta en concreto te ayuda a crear el hábito de utilizar afirmaciones. Observa la respuesta de tu pensamiento —y de tu conducta— cuando tienes firmemente presente la afirmación en tu mente.

— *Parte 4* —

TRANSFORMACIÓN Y REALIZACIÓN CON PROPÓSITO, PAZ Y PLENITUD

Deshacerse de la basura emocional diaria y también de la antigua es una buena manera de pavimentar el camino hacia una vida plena. Pero una vida plena requiere profundizar en nuestra sabiduría y aprender a mantenernos receptivos y abiertos con el fin de aportar al mundo nuestro propósito. Vivir compartiendo con los demás es un refuerzo y un apoyo. Y, lo que es más importante, alimenta la sanación compartida y favorece el camino hacia la paz y la realización de todos.

Capítulo 16

DESPIERTA YA TU CORAZÓN COMPASIVO

Las cosas mejores y más hermosas del mundo no pueden verse ni tocarse; deben sentirse con el corazón.

HELEN KELLER [1]

Es fácil levantar un muro en torno al corazón. Después de todo ¿quién no ha experimentado dolor, traumas o adicciones de una u otra forma? Si tienes un cuerpo humano —y supongo que te habrás hecho con uno si estás leyendo esto—, entonces sabrás lo que es la pérdida, la tristeza, el duelo y varios tipos de dolor físico y emocional. Estas formas de sufrimiento pueden verse como algo «malo». Pero también pueden ser una oportunidad para abrir el corazón y reconocer que el sufrimiento es un sentimiento humano universal, compartido por todos.

Este reconocimiento es un camino a través del cual cultivar un corazón más despierto, confiado y compasivo.

Con lo valiosa y efímera que es la vida, ¿cómo podemos no correr el riesgo de abrir nuestro corazón, aunque esté herido?

Si nos encerramos en la celda del dolor, de la pérdida y de la ausencia de perdón, nos hacemos a nosotros mismos un flaco favor. Cerrar el corazón es algo parecido a lo que la cantautora Joni Mitchell describía cuando cantaba «asfaltaron el paraíso y pusieron un aparcamiento». Asfaltar el corazón en un esfuerzo por acorazarlo frente al dolor solo conduce a un lugar frío y estéril. Afortunadamente, una brizna de hierba parece siempre dispuesta a abrirse camino por una minúscula rendija en el hormigón. Así es la eterna y persistente renovación del corazón.

Nuestro cerebro ha evolucionado para amar y para que nos relacionemos con los demás. El amor es un impulso tan natural como respirar. En *Just one thing* el neuropsicólogo Rick Hanson escribía: «El cerebro ha triplicado su tamaño desde que los homínidos comenzaron a construir utensilios con piedra, hace alrededor de 2,5 millones de años, y gran parte de esta nueva condición neurológica está vinculada a la capacidad de amar y de relacionarse. Necesitamos amar para estar sanos y sentirnos completos. Si reprimes tu amor, reprimes todo su ser. El amor es como el agua: necesita fluir» [2]. Si nuestro flujo de amor se ha detenido debido a egocentrismo, desconfianza, distanciamiento, decepción, injusticia o un montón de otras causas, ¿cómo podemos ponerlo de nuevo en movimiento?

Jenny, una estudiante de bachillerato de apenas diecisiete años, vino a verme porque padecía migrañas, depresión y rabia, todo lo cual la debilitaba. Era muy madura, a pesar de que vivía afligida por las flechas de la amargura. No había conocido a su padre biológico y su madre, que luchaba contra varias adicciones, la había mandado a vivir con sus tíos a la tierna edad de siete años. Aunque parecía que su madre había dejado ya el consumo de drogas, daba la impresión de que era incapaz de amar a su hija, algo que Jenny deseaba más que ninguna otra cosa en el mundo. Su madre era muy narcisista y estaba más interesada en su propia vida que en los numerosos logros de su hija en el instituto.

Cada vez que se reunían, Jenny se quedaba con la sensación de que su madre no la quería ni la apreciaba, y se deprimía. Muchos adultos son reacios a perdonar heridas e injusticias del pasado, de modo que yo no estaba seguro de que Jenny quisiera dar ese salto. Sin embargo, en nuestras charlas la idea de perdonar a su madre era recurrente en Jenny. Hablamos de por qué el perdón nos ayuda a liberarnos de nuestros miedos, sin que ello suponga olvidar lo que otro ha hecho y ciertamente tampoco de un modo que favorezca un nuevo abuso. A modo de tarea a realizar en casa, pedí a Jenny que buscara citas sobre el perdón cargadas de significado para ella. Una cita que le vino a la mente fue esa de Mahatma Gandhi, que dice: «El débil nunca puede perdonar. El perdón es el atributo del fuerte» [3].

Jenny fue capaz de hacer algo muy especial: desistió en sus expectativas de que su madre se disculpara por sus maldades y actuara de modo diferente. En lugar de ello, se centró en hacer sitio en su corazón para la lucha y el sufrimiento de su madre.

No fue fácil. Jenny meditaba sobre el cariño antes y después de ver a su madre para abrir su corazón y curar cualquier herida abierta, de modo que su dolor y su rabia no se enconaran. Aprendió también que, mediante el perdón, estaba ofreciendo a su madre un regalo muy especial, algo que nadie más podía darle. Yo estaba orgulloso del esfuerzo de aquella joven por sentir compasión por su madre, lo cual es toda una lección de corazón receptivo y de flexibilidad en la vida.

Recuerdo ahora la historia de uno de los monjes del Dalai Lama que fue torturado durante años en una prisión tibetana. Tras su liberación, le preguntaron cuál había sido el reto más difícil al que había tenido que enfrentarse durante su encarcelamiento. Él respondió que había sido el momento en el que empezó a perder compasión por su torturador. Que el monje no «asfaltara» su corazón para construir un aparcamiento es un testimonio de la resistencia del corazón y de su capacidad para superar el odio y el miedo.

Estas historias, y otras similares, nos hablan de que mantener el corazón receptivo es todo un proceso. El corazón puede sufrir heridas tremendas, pero encierra múltiples antídotos, como son el amor, la esperanza, el perdón, la resistencia y la compasión.

SINTONIZA Y ACTIVA LA COMPASIÓN

¿Has sentido alguna vez el impulso natural de ayudar a alguien necesitado sin pensar en lo que puede suponer para ti? Esto es compasión, un tipo de ayuda que no brota de un lugar de gratificación egoísta o egocéntrica. La compasión es más comprensión que altruismo o caridad. Es también más amplio que el sentimiento de empatía, que consiste más bien en ponerse en la piel del otro. Además, la compasión no tiene que ver con pensar «Mira qué buena persona que soy que ayudo a los demás». En todo caso, una actitud compasiva nos anima a ampliar nuestra visión y a considerar el más amplio bien social.

Científicos de distintos ámbitos han empezado a estudiar la compasión explorando el modo en que el ejercicio de la bondad afectuosa —una antigua forma de meditación para dirigir los sentimientos de amor y atención hacia uno mismo y hacia los demás— influye en aspectos como el pensamiento negativo, la depresión e incluso el dolor. Un estudio publicado en el *Journal of Personality and Social Psychology* analizó los efectos de la meditación sobre la bondad afectuosa en adultos trabajadores[4]. Los investigadores encontraron importantes diferencias entre el grupo control y quienes practicaban la meditación. Llegaron a la conclusión de que «este ejercicio de meditación producía, con el tiempo, un mayor número de experiencias diarias de emociones positivas que, a su vez, producían incrementos en una amplia gama de recursos personales (por ejemplo, *mindfulness*, propósito vital, apoyo social, menos síntomas de enfermedad). Estos incrementos de recursos personales predecían, a su vez, una mayor satisfacción en la vida y menos síntomas de depresión».

En otro estudio un equipo de investigadores del Duke University Medical Center demostró los efectos directos sobre el cuerpo de las formas de meditación que cultivan la bondad afectuosa en cuarenta y tres adultos con lumbalgia crónica [5]. La edad media de los participantes era de 51,1 años y todos ellos habían sufrido dolor crónico durante al menos seis meses. La intervención consistió en sesiones de noventa minutos de meditación en grupo centrada en la bondad afectuosa, durante ocho semanas. Comparados con los integrantes del grupo control, los participantes que practicaron la bondad afectuosa presentaron una importante disminución de sus niveles de dolor, rabia y malestar psicológico. Análisis posteriores de seguimiento mostraron también importantes mejoras, no registrándose cambios en el grupo control de atención habitual.

Básicamente, la compasión cambia nuestro cerebro. Se han llevado a cabo estudios en los que monjes que habían practicado más de diez mil horas de meditación para la compasión fueron sometidos a pruebas de resonancia magnética para estudiar su función cerebral. Los científicos descubrieron que estos cerebros entrenados para la compasión generaban ondas gamma sincrónicas de mayor amplitud, un patrón inusual de ondas cerebrales que se considera característico de un cerebro con una función elevada.

Afortunadamente, no son necesarios cinco años de práctica intensiva para notar los beneficiosos efectos de la compasión. La acción compasiva crece simplemente a partir de la comprensión de la universalidad del sufrimiento y de sus raíces. Comienzas dándote cuenta de que las acciones de las personas se hallan a menudo motivadas por el deseo de placer o por evitar el dolor. Solo necesitamos examinar nuestra propia experiencia personal a la luz de los «ocho vientos del mundo» (véase capítulo 4, página 62) para entender que aferrarse a lo deseable y apartar lo no deseable da lugar a basura emocional de sufrimiento.

Cuando consigues penetrar en esta verdad, ves con claridad la ignorancia, la avaricia, el engaño y el odio, pero sin sentir la necesidad de responder del mismo modo. Al desechar estas emociones dolorosas, eres libres de responder con amor, comprensión y compasión.

Considera las siguientes preguntas para ofrecer a los demás un corazón compasivo:

- Si pidiera a mi corazón consejo sobre el importante dilema al que me estoy enfrentando actualmente, ¿qué visión, entendimiento o verdad profunda me ofrecería?
- Si mi corazón pudiera expresar cómo se siente acerca del deseo de sanar una relación importante en mi vida ¿qué diría?

Por supuesto, el mejor lugar en el que empezar a aplicar la compasión es en casa. En vez de interpretar nuestras penas como una patología, llamándolas depresión, ansiedad y cosas similares, podemos ver su origen: la fuerza de apegos insanos que nos mantienen inmovilizados. Atascarse de este modo forma parte de la vida misma. ¿Por qué culparnos, avergonzarnos o etiquetarnos a nosotros mismos?

Podemos sentarnos y reconocer conscientemente nuestra tendencia, como seres humanos, a permanecer aferrados a las cosas, que es una forma muy sanadora de vivir el momento. Aceptar las situaciones que han originado en nosotros rabia, tristeza, ansiedad y depresión produce un espectacular cambio en nuestra identidad personal. Cada vez que nos dedicamos compasión a nosotros mismos, estamos tirando hacia fuera de la razón del sufrimiento, desde sus raíces. Esta es una manera lenta, pero honesta, decente y amable de tratarnos a nosotros mismos. Por supuesto, siempre eres libre de etiquetarte a ti mismo como defectuoso y susceptible de reparación, pero en tal caso recuerda: ¿cómo hace que te sientas? ¿Te ha ayudado alguna vez esa mentalidad a resolver algo?

Es mejor practicar la autocompasión. He aquí una manera fácil de comenzar. Tómate un momento para practicar los siguientes puntos:

- Comienza pensando en algún acto, palabra o pensamiento que haya lastimado a otra persona, y por el que te culpes a ti mismo.
- Piensa en algún acto, palabra o pensamiento que te haya hecho daño a ti mismo, voluntaria o involuntariamente.
- A sabiendas de que nadie es perfecto, ¿cómo puedes aportar mayor autoaceptación y autocompasión a tu vida? ¿Puedes optar por abrir tu corazón y suavizar la visión que tienes de esas heridas?

Dado que todos hemos hecho alguna vez algo que nos ha herido a nosotros mismos o que ha lastimado a alguien, dedica el siguiente minuto de tu tiempo a perdonarte a ti mismo por esa acción, ese pensamiento o ese gesto que ha hecho daño. Aunque creas que no mereces este perdón, ofrécelo como un regalo a ti mismo y observa cómo te sientes.

Era una tarde cálida y soleada en el sur de California cuando unos amigos me invitaron a reunirme con ellos para comer con un maestro espiritual, de quien había oído hablar pero a quien no conocía. Cuando llegó el momento de despedirnos, me preparé para estrechar la mano al maestro. En lugar de ello, él me dio un gran abrazo, y yo le correspondí. Al momento, sentí algo sutil, algo inusual, que no podría expresar con palabras.

Cuando me giré para abandonar la sala, sucedió. Un hormigueo tan dulce como la miel me recorrió cálidamente la espalda y el cuello, abarcando enseguida todo mi cuerpo. Sentí como si todas mis células hubieran quedado inundadas por la energía del amor puro, como si una luz interior se hubiera encendido. Una sensación indescriptible me llenó y no podía reprimir la amplia sonrisa que se me dibujó en el rostro. Ya fuera, estaba tan envuelto por una aplastante sensación de dicha y bienestar que no recordaba en absoluto dónde había aparcado el coche.

Soy escéptico por naturaleza. Tal vez sea porque fui criado por un padre ingeniero que todo lo abordaba desde su mentalidad científica: si algo no era observable y no podía explicarse, no era real. Pero ahí estaba yo, poderosa e innegablemente inmerso en la energía de la bondad afectuosa, una forma de meditación que llevaba practicando mucho tiempo y que había aprendido de otros maestros.

Mis primeras prácticas de meditación en la bondad afectuosa me habían servido como preparación y ahora sabía lo se sentía. Y lo que es más importante, sabía con absoluta certeza que era real, tan real y poderosa como la energía de una toma eléctrica. Y que podía ser transmitida por cualquiera con voluntad de practicarla, tal y como enseñó Buda hace más de 2.500 años. Aun habiendo tenido diversas experiencias místicas a lo largo de mi vida, esta me ayudó definitivamente a romper la contención irracional de mi mente racional.

HERRAMIENTA PARA LA VIDA
Despierta tu corazón con bondad afectuosa

Busca un lugar tranquilo donde puedas estar sentado, de pie o tumbado mientras realizas este ejercicio de meditación, que consta de movimientos, visualizaciones y palabras.

Comienza estableciendo la intención de abrir, despertar y suavizar tu corazón. Este es un tipo de amor no discriminatorio, que extiendes a ti mismo y a todos los seres —amigos, personas neutrales e incluso personas que no son amigas— así como a aquellos a los que quieres y por los que te preocupas. No tienes que esforzarte mucho, simplemente da libertad a tu corazón y haz el resto de manera natural. Utiliza este ejercicio siempre que sientas temor o cuando tu corazón esté cerrado y amurallado.

Meditación para la bondad afectuosa

Comienza colocando las manos, una tras otra, con las palmas ahuecadas, sobre el corazón. Mantén suavemente la posición. Siente el calor entre las manos y el corazón. Si no sientes calor, imagina un resplandor dorado y sumerge tus manos y tu corazón en su calidez. Si sientes el corazón pesado, o como si tuviera un muro alrededor, da permiso a ese muro para deshacerse y disolverse.

Deja que la sabiduría protectora de tu corazón brille y crezca en su calidez. Respira profundamente, inspirando el amor del universo, así como el amor de todas las personas benefactoras o espirituales que te hayan hecho la vida más agradable o a las que admires. Imagina este amor como una luz dorada que ilumina tu corazón, suavizándolo y haciendo que brille con calidez y sentimientos amables hacia ti mismo y hacia los demás.

Ahora abre lentamente las manos hacia los lados desde el corazón. Al hacerlo, extiendes el calor y el resplandor del corazón de manera que mantenga la conexión con las palmas de tus manos. Continúa respirando el amor de tus benefactores y del universo y llevándolo a tu corazón. Abre las manos hasta formar con ellas un semicírculo delante de ti. Mantén los brazos abiertos, receptivos y conectados con la energía de tu corazón. Imagina que ese cálido resplandor del corazón se desborda, propagándose hacia los demás. Puedes pensar en él como en una pompa que se extiende hacia fuera, englobando en su dorada y resplandeciente esfericidad todo lo que toca. Este resplandor genera una calidez acogedora, una calidez de disponibilidad hacia los demás. Es también protectora, y te mantiene a salvo al mismo tiempo que extiende el deseo no discriminatorio de bienestar a todos los demás.

Por último, si lo deseas, imagina cómo el dorado resplandor de bondad afectuosa se expande y se extiende muy lejos, más allá de ti mismo, a tu vecindario, a la ciudad, a toda la región, al país, al hemisferio, al mundo, al sistema solar, al universo, a todos los universos y a todos los seres. Lleva este resplandor luminoso a todos aquellos que sufren.

Para terminar, vuelve a situar las manos sobre tu centro del corazón. Ahueca de nuevo las palmas sobre el corazón, enviándote a ti mismo afectuosa bondad. Pronuncia o piensa las siguientes palabras:

- Que me sienta feliz, seguro, sano y bien. Que esté libre de dolor, rabia y sufrimiento.
- Que todos los seres se sientan felices, seguros, sanos y bien. Que estén libres de dolor, rabia y sufrimiento.
- Que pueda actuar en favor de aquellos que sufren.

Por último, respira profundamente una o dos veces para reubicarte en el entorno y en el momento presente. Al expulsar el aire, deja que tus manos caigan lentamente hacia los costados, finalizando el ejercicio.

Durante el día puedes realizar este ejercicio completo o alguna de sus partes —solo el movimiento, la visualización o las palabras—. He aquí dos ejemplos para centrarte en la amabilidad afectuosa que llevan menos de un minuto:

- Pronuncia mentalmente las siguientes palabras a lo largo del día como un modo de mantenerte centrado y mantener tu corazón receptivo: «Que yo, y todos los seres, estemos seguros, felices, sanos y bien».
- Siempre que te sientas herido, enfadado o encerrado, simplemente junta y ahueca tus manos sobre el centro del corazón, al mismo tiempo que conectas con el resplandor cálido y compasivo de tu corazón. Inspira compasión y perdón, y espira el dolor. Realiza de esta forma dos o tres respiraciones completas.

Además, pueden realizarte a ti mismo estas preguntas:

- ¿En qué momentos del día puedo integrar este ejercicio?
- ¿Cómo puedo aplicar la compasión y ponerla a disposición de los demás?
- ¿Cómo puedo tomar nota de mi experiencia e invitar a los demás a probar la bondad afectuosa?

Capítulo 17

FIDELIDAD AL MOMENTO

> Estar auténticamente vivo es sentir la esencia de la propia existencia
> en la existencia cotidiana.
>
> CHRISTIAN WIMAN, *My Bright Abyss* [1]

SAN BENITO fue un monje italiano del siglo VI cuya regla benedictina sentó las bases de un camino espiritual. Por aquel entonces los monjes novicios formulaban un voto de *conversatio morum*, que se traduce como fidelidad a la vida monástica, si bien la expresión puede entenderse como «conversión de la vida» y en este contexto adquiere una dimensión más profunda. En su libro *Contentment (Alegría)*, los autores Robert Johnson y Jerry Ruhl consideran que la conversión conlleva «un voto de fidelidad al momento... diseñado para apoyar a los hombres y mujeres que se embarcan en un viaje espiritual» [2]. Una de las maneras que los monjes benedictinos tenían de practicar esta fidelidad para con el momento consistía en cantar y recitar plegarias siete veces al día. No obstante, el maravilloso concepto de fidelidad al momento puede fácilmente asociarse a la moderna noción de limpieza de la basura emocional.

La fidelidad al momento transforma de manera drástica el modo en el que experimentamos cosas que normalmente damos por supuestas. Así le sucedió, por ejemplo, a mi amigo Benny —extoxicómano que actualmente trabaja en el asesoramiento sobre adicciones— el primer día de su vida como exadicto. El día que Benny llegó al firme compromiso de vivir sin drogas se encontraba caminando por una calle de Nueva York cuando, súbitamente, el aire le trajo un aroma dulce y fresco.

Benny no sabía de qué se trataba pero, llevado por la curiosidad, siguió el rastro de la fragancia. Para su deleite y sorpresa, su olfato le condujo hasta un espléndido rosal en flor. Se sintió desbordado por la belleza de las flores. Ese rosal se convirtió en el símbolo del abandono del tenebroso trance de la adicción y vino a consolidar su fidelidad al momento. Con la fidelidad al momento, entras en contacto con esa rosa, con esa persona, con ese sabor, de forma natural y directa, en vez de aplicar la etiqueta mental que nos hace decir «Mira, otra rosa» o «Aquí está Joe otra vez».

Se trata del mismo espíritu de fidelidad al que hace referencia el personaje que encarna Robin Williams en la película *El club de los poetas muertos*, cuando les dice a sus alumnos: «*Carpe diem*, aprovechad el día chicos, haced que vuestras vidas sean extraordinarias».

SIMPLIFICA, SIMPLIFICA, SIMPLIFICA

Los agentes inmobiliarios suelen recurrir al lema «localización, localización, localización» para destacar la importancia del lugar en el que se encuentra una casa cuando se va a adquirir una propiedad. En los mismos términos la simplificación de la vida es un factor clave para erradicar la basura emocional de nuestra mente y de nuestro entorno, con objeto de vivir cada día con mayor fidelidad al momento.

La idea de simplificar es, en esencia, bien sencilla. Una vez aplicada, hay menos cosas de las que preocuparse y menos decisiones que tomar. No me refiero a cambiar el automóvil por un coche de caballos (no abundan hoy en día los vendedores de coches de caballos), sino a saber distinguir entre «suficiente» y «más que suficiente». Esta distinción sirve a menudo para averiguar el modo de simplificar y de reducir las dimensiones de la vida que uno lleva, así como para determinar cuándo es preciso aumentarlas o mejorarlas.

Aun habiendo sido en su momento un fanático de la tecnología, en la actualidad solo actualizo el *software* o los dispositivos informáticos que utilizo si me dan problemas o si ya no funcionan. Cierto es que no dejo de sentir ocasionales brotes de envidia cuando veo a personas que disponen de los más sofisticados y aparatosos *smartphones*. Cuando eso sucede, recuerdo mi pequeño móvil, lo cómodamente que se ajusta al tamaño de mi bolsillo y que hace todo lo que yo necesito que haga. Reevaluar y apreciar lo que ya se tiene es una buena manera de asumir la simplicidad y de contrarrestar el deseo de tener «más de lo que se precisa». La simplicidad genera paz en la mente y elimina la ansiedad por poseer siempre lo más novedoso y lo último que ha aparecido en el mercado.

La distinción entre «suficiente» y «más que suficiente» es aplicable también a nuestro entorno, ya sea el hogar o el lugar de trabajo. Así, por ejemplo, antes tenía en la cocina de casa un armario lleno de infinidad de envases y contenedores de plástico que jamás utilizaba. Llegado un momento, me deshice de ellos, regalándolos y quedándome solo con «los suficientes». Ahora puedo abrir el armario sin que tres o cuatro de esos envases se me vengan encima cada vez que necesito uno. He hecho otro tanto con el exceso de ropa que había en mi armario y con montones de cajas que almacenaba en el garaje. Decidí qué era lo que debía desechar gracias a una sencilla pregunta: ¿si no he abierto esta caja ni he utilizado está prenda en el último año, qué demonios hace aquí? Este planteamiento sirve para toda la basura «física», pero también es la base de la mentalidad que permite lograr que las cosas se tornen más sencillas y manejables.

La simplificación de tu vida no solo afecta a las cosas materiales, sino también al modo en el que utilizas y gestionas tu tiempo. El tiempo es un bien precioso, y aprovecharlo con inteligencia es esencial para el bienestar y el equilibrio emocionales. Si necesitas esforzarte demasiado durante un día o toda una semana o si tienes que trabajar durante el fin de semana, piensa en el modo en que esta situación repercute en cómo te sientes. La investigación ha demostrado que llevar un estilo de vida más sencillo reporta importantes beneficios emocionales. El psicólogo, investigador y escritor Robert Biswas-Diener ha viajado por todo el mundo estudiando los mecanismos en virtud de los cuales la simplicidad tiene una función importante en la satisfacción emocional [3]. Para profundizar en su trabajo, pasó varios meses estudiando a las comunidades amish, cuya vida se basa en la exaltación de la simplicidad. Escribe el autor: «Desde el punto de vista psicológico, puede decirse que a los amish les va razonablemente bien... En mis indagaciones pude observar que, como promedio, registraban altos niveles de satisfacción vital. Por lo que respecta a las emociones, el 100% de ellos se situaban por encima del valor que señala el punto neutro».

Como es lógico, la noción de simplicidad no es aplicable solamente al número de cosas que precisamos, sino también a cuántas actividades son suficientes para nosotros. Si tus relaciones laborales, sociales y de otro tipo son tan intensas que solo el hecho de pensar en ellas hace que te sientas agotado, ha llegado la hora de simplificar. En ocasiones, ello implica la necesidad de marcar líneas rojas, que limiten la hora hasta la que trabajamos o hasta la que interactuamos con los demás. Todo el mundo tiene derecho a señalar fronteras que configuren un espacio para su propio autocuidado: este tipo de simplificación es el que proporciona mayor fidelidad al momento y es, asimismo, el que impide que nos veamos superados por el estrés, sin poder saborear cada momento debido a un plan de vida excesivamente complejo y extenuante.

La siguiente herramienta para la vida ofrece diversos métodos para tomar conciencia del momento. La fidelidad al momento no es tanto una práctica como una forma de ser. Cuanto más la apliques, más fácil te resultará acceder a ella y apreciar lo sublime de los cotidiano.

HERRAMIENTA PARA LA VIDA
Fidelidad al momento

Asumir la fidelidad al momento supone acceder a cada instante sin expectativas ni ideas preconcebidas sobre cómo se supone que ese instante debe ser o parecer. Los maestros zen piensan en ello como «estado de no-mente». ¡Qué maravilloso es no tener todas las repuestas! Qué bueno es no sentir la presión de saber si estamos en lo cierto o estamos equivocados. Arriesgarse a vivir el momento nos hace recuperar la conciencia infantil de la que un día disfrutamos de manera natural. En este marco no existen el éxito ni el fracaso, solo la fidelidad a cada nuevo momento que se despliega ante nosotros.

1. *Fidelidad a través de la respiración*

Cuando se pierde la fidelidad al momento, siempre puede recuperarse reconectando con ella mediante una respiración lenta y profunda. Basta con preguntarse: ¿es esta respiración ayer?; ¿es mañana?. Con solo respirar una vez puedes recuperar la fidelidad al momento. La respiración es la esencia del desapego; contener la respiración demasiado tiempo puede hacer que te desmayes.

2. *Fidelidad con otra persona*

Relaja y recibe a otra persona con tu presencia. Deshazte de los prejuicios sobre ella y de tus ideas preconcebidas sobre cómo desearías que se comportara y actuara. Aunque creas que es una de las personas más difíciles de abordar que hay en tu vida, ábrete a quien está realmente ahí. Muestra curiosidad. Abre tus ojos, tus oídos, tus sentidos y todos los poros de tu piel. Escucha más allá de las palabras; hazlo a través de las dimensiones de la emoción y la empatía. No te limites a mirar a esa persona; busca en el interior de sus ojos, de su rostro, de su ser.

Sé elocuente al expresar tu amor y tu aceptación. Siempre que percibas en ti mismo tendencia a encasillar y etiquetar a las personas o a verlas como simples objetos o piezas de ajedrez, detente, respira profundamente y serénate de nuevo. Imagina a cada persona como un árbol que se sostiene sobre dos pies. Siente y valora cada árbol con admiración; no hay otro como él en todo el universo.

3. *Fidelidad con uno mismo*

Vacía tu copa para volver a llenarla. Despréndete de todo lo que piensas sobre ti y de todos los abrumadores condicionantes que te señalan qué es lo que se supone que tienes que hacer y cómo se supone que tienes que actuar. Pierdes mucho tiempo jugando a ser alguien. ¿Por qué no suponer que no eres nadie y que, por tanto, puedes integrarte en parte del aire, de la luz y del espacio?

4. *Fidelidad a través del cuerpo sensorial*

El cuerpo es el cuerno de la abundancia del aquí y ahora. Basta con sintonizar con su interior y escuchar la sensacional sinfonía de vitalidad, sentimientos y manifestaciones de vida que encierra. Percibe cuándo estás en tu cabeza y fuera de tu cuerpo. En ese instante nota el contacto de tus pies con el suelo. Echa raíces como si fueras tu planta o tu árbol favorito ejerciendo presión con los pies sobre el suelo o la tierra. Difunde tu conciencia a todo el cuerpo, desde las puntas de los pies hasta la coronilla.

Siempre que percibas basura emocional, rigidez, tensión o cualquier tipo de estrés, respira orientando mentalmente el aire inspirado hacia la parte del cuerpo que sientas afectada. Imagina que el aire llena el área tensa. A continuación espira, dejando que el aire arrastre las emociones negativas hacia abajo, por las piernas, y expulsándolas a través de las plantas de los pies, para que pasen a la tierra y sean recicladas. Realiza tantas respiraciones depurativas como sea necesario. Si notas que tu cuerpo te transmite sentimientos como tristeza, aflicción, abandono, ansiedad, depresión, frustración o soledad, presta atención a estas señales, ya que a través de ellas la sabiduría de tu cuerpo te está comunicando que algo en tu vida debe cambiar. Haz caso a estos sentimientos, aun siendo consciente de que no te definen como persona. Intenta concretar y dar nombre a la emoción, en virtud de la sensación física que tu cuerpo te envía. Ello te ayudará a entenderla mejor. Por último, ponte en acción, por ejemplo, buscando apoyo o ayuda, a fin de lograr una mayor armonía interior.

Aprópiate de este precioso don. Asimílalo y, después, envuelve todo tu cuerpo en un halo de gratitud por todo lo que hace por ti día tras día. ¡Es algo maravilloso!

5. *Fidelidad al caminar*

Relájate y procura desplazarte con flexibilidad cuando caminas. Muévete como un gato. Percibe cada uno de los movimientos del cuerpo, la elevación de los pies, el avance de las piernas, el modo en el que cada pie se apoya y se asienta sobre el suelo, la flexibilidad de los tobillos y la forma en la que el cuerpo desplaza su peso de un lado a otro.

Y, por encima de todo, cuando camines, solo camina. No hay nada más que hacer. Mientras el cuerpo esté orientado en la dirección correcta, no habrá problema. Puedes golpearte con algo, aunque eso es casi imposible cuando aplicas la fidelidad al caminar. Camina para estar *aquí*, no para llegar *allí*.

6. *Fidelidad a través del distanciamiento y de la simplificación*

Si sientes que el estrés te supera o que una determinada situación te carga de basura emocional, obsérvate desde la distancia. Imagina que estás en la cima de una colina o a bordo de un helicóptero, contemplando lo que sucede. Desde esta posición de ventaja no tienes que tomarte las cosas de manera personal. Puedes estar presente sin necesidad de mostrarte reactivo. Cuando sea posible solventar una situación simplificándola, opta por la simplificación. Desde este punto de vista, más acorde con el «pensamiento teflón», reflexiona sobre qué posibilidades existen, para responder con una decisión adecuada al momento. Incluso la evocación de una actitud de autoaceptación o autocompasión en un momento de dificultad es en ocasiones un medio idóneo para favorecer la fidelidad al momento.

Estas herramientas para la vida pueden asemejarse a la acción de echar limpiador a una bañera: solo actúan cuando se frota un poco.

Ponlas en práctica. Después de un tiempo, estarán plenamente integradas en tu vida diaria y experimentarás con facilidad la fidelidad al momento.

Para empezar, anótalas en tu agenda, decide cuáles son las más idóneas para ti y elabora una combinación de refuerce la presencia, el pensamiento teflón y la flexibilidad diaria.

Capítulo 18

CONVIÉRTETE EN UN MAESTRO EN DESHACER NUDOS EMOCIONALES

Si deseas desatar un nudo, debes primero descubrir cómo fue atado, porque quien conoce el origen de las cosas también conoce el modo de deshacerlas.

BUDA [1]

¿HAS conocido o sabido alguna vez de alguien que no arrastre tras de sí algún tipo de bagaje problemático y negativo? Imagina esa carga emocional como un gran rollo de hermosa tela de seda, pero lleno de nudos. Cada nudo representa un desorden emocional, una adicción perniciosa o una reacción común de ansiedad, celos, ira o frustración. Debido a esos nudos ya no resulta fácil sentir u observar la suavidad y la ligereza del tejido, como consecuencia de la tirantez de los nudos que se han ido acumulando a lo largo de la vida. El tejido está tan apretado que, en ocasiones, se forman nuevos nudos en los propios nudos. ¿Cuál es el aspecto de ese fardo de nudos? ¿Cómo es de grande y pesado? ¿Te resulta muy difícil cargar con él cada día? Y, lo más importante, ¿qué sucedería si pudieras deshacer esos nudos o incluso desenredar el tejido antes de que se formen otros, de manera que la bola de basura emocional resultara menos opresiva y más llevadera?

Lo creas o no, se pueden desenredar incluso los nudos más firmes y difíciles de manejar. ¿Cómo es posible? Imagina a una persona que mantiene una actitud abierta y de aceptación ante los altibajos de la vida; alguien que parece libre de enredos, tales como celos, codicia o envidia, una persona que vive y deja vivir y que no se deja consumir por la negatividad del pasado ni por la ansiedad que produce el futuro. Ciertamente, este tipo de personas sienten, como todas, decepción, impaciencia y frustración, pero saben cómo liberar estos sentimientos sin formar un nuevo nudo ante una situación adversa. Como afirma el maestro zen Bernie Glassman en su libro *The Dude and the Zen Master*, escrito en colaboración con el actor Jeff Bridges y publicado en español con el título *El Nota (The Dude) y el maestro zen*[2]:

> Cuando pasan cosas y, llegado un determinado momento, parece que son ya demasiadas, sigue adelante. Otra actitud no conduce a ninguna parte. Y llegará un momento en el que estarás listo para afrontarlas. Por el momento, escucha tu voz interior. Si no es el momento oportuno, no presiones. Déjate llevar suavemente por la corriente. Algunas personas dicen que hay que actuar de inmediato ante cualquier circunstancia, pero siempre hay un momento y un lugar. Si notas como un nudo, espera. Llegará un momento en el que tú, y el universo, estaréis preparados.

A menudo la sabiduría y la amabilidad hacia uno mismo llevan a no «reparar» o resolver una situación llena de «nudos». En lugar de ello puedes tomar aliento, sabiendo que concederse algo de espacio y de tiempo no supone escurrir el bulto, sino distanciarse de manera consciente. No te preocupes, pues el nudo volverá a manifestarse y tendrás la oportunidad de trabajar de nuevo en él.

DETENERSE, NOMBRAR, ACEPTAR Y LIBERAR PARA DESHACER LOS NUDOS

Supón que llega el fin de semana. Tus hijos están en casa de unos amigos y, por primera vez en mucho tiempo, puedes relajarte. Sin embargo, el sábado por la tarde, poco antes de salir con unos amigos, alguien del trabajo te llama para pedirte que prepares el material para una reunión que va a celebrarse el lunes siguiente. Así lo haces, pero el domingo, al levantarte, vuelve a suceder lo mismo. Justo antes de salir para tomar un café y asistir a una clase de yoga, te interrumpen de nuevo para tratar más cuestiones de trabajo. Decides enviar un correo electrónico a tu amiga Bonnie para contarle la experiencia de la interrupción de tu merecido descanso por cuestiones de trabajo, una situación potencialmente generadora de nudos emocionales. He aquí dos formas distintas de redactar el texto del correo, una que no hace sino apretar el nudo y otra que tiende a aflojarlo y deshacerlo:

De: Amiga
Para: Bonnie
Asunto: HACER EL NUDO

En la puerta del centro de yoga para la clase de las 10:30. Acabo de llegar y ya estamos otra vez. ¿Puedes creerlo? ¡Llamadas y mensajes de trabajo el domingo por la mañana! Estoy realmente furiosa. ¿Por qué me tienen que estropear mi día de descanso de nuevo? No tienen derecho. Estoy por no ir mañana a la oficina.

Por si fuera poco, había pensado en prepararles a los niños su comida favorita. Pero no me daba tiempo, tenía que cambiar el menú y estaba tan enfadada que no se me ocurría qué podía prepararles. No sé si tengo ganas de entrar a la clase de yoga. Bueno, creo que lo intentaré.

De: Amiga
Para: Bonnie:
Asunto: Deshacer el nudo

En la puerta del centro de yoga para la clase de yoga de las 10:30. Necesito relajarme. Iba a prepararles a los niños su comida favorita, pero he tenido que cambiar el menú en el último minuto. Llamadas y mensajes del trabajo. La verdad es que me ha sentado bastante mal ¿Por qué tienen que estropearme un día libre otra vez?
He reflexionado y es mejor dejarlo estar.
¡En fin! Menos mal que estoy aquí.

El primer correo muestra lo fácil que es enredarse con las emociones negativas, mientras que el segundo tiene un enfoque completamente distinto. Aunque pueda parecer que este último mensaje corresponde a una actitud de «pasar del problema», en realidad está escrito muy hábilmente. En él se utiliza un proceso en cuatro pasos: 1) hacer una pausa, 2) observar y dar nombre a las emociones, 3) aceptar esas emociones y la situación como transitorias, y 4) liberarlas y dejarlas ir. Se trata de un proceso que, según se ha constatado científicamente, ayuda a deshacer los nudos emocionales sobre la marcha. Veámoslo con más detalle.

Un estudio publicado en la revista *Appetite* analizó el fenómeno del deseo compulsivo de comer en personas con sobrepeso u obesidad. Los investigadores pretendían determinar si la conciencia y la aceptación plenas de ese deseo podían romper el ciclo de atracones y antojos continuos de comida, ayudando a las personas afectadas a desvincularse mentalmente de ese deseo incontenible de comer [3]. Los participantes fueron sometidos a un periodo de formación de 7 semanas, centrándose en la observación y el desarrollo de la aceptación de ese deseo compulsivo de comer. Al finalizar el estudio, las personas que intervenían en él registraron niveles sustancialmente menores de ansiedad por la comida.

Los responsables del ensayo llegaron a la conclusión de que los posibles motivos comprendían «la desvinculación del pensamiento obsesivo y la reducción de las relaciones automáticas entre deseo urgente y reacción». Ello significa que los participantes eran capaces de detenerse y dar un paso atrás. En vez de fundirse con sus deseos incontenibles de comer, llegando a no percibir la ansiedad, identificándose con ella, podían *observar* y *dar nombre* a esa ansiedad, manteniendo cierto distanciamiento con respecto a ella. Esta actitud de distanciamiento les permitía *aceptar* el deseo compulsivo y darse cuenta del mismo en cada momento, en vez de *reaccionar automáticamente* y ceder. El proceso de detenerse y nombrar el deseo irrefrenable (como cualquier otra emoción) nos ayuda a desvincularnos de él. De este modo es posible interrumpir y detener las viejas conductas reactivas automáticas o adictivas. Según esta pauta, la conciencia y la atención plenas realmente actúan como un mecanismo de freno entre el ansia y la respuesta automática a ella.

En vez de intentar inhibir el deseo o resistirse a él, resulta más eficaz aceptarlo, lo que equivale a reconocer que cualquier deseo o emoción incontenible es de naturaleza transitoria, es decir, que con el tiempo remitirá y se desvanecerá. Se trata, sin duda, de un poderoso recurso, y esta es la razón por la cual la aceptación deshace esos apretados nudos, incluso los más antiguos, en cualquier momento y lugar. Este mismo proceso de desvinculación de los deseos compulsivos o de las emociones negativas puede también aplicarse a otros comportamientos tóxicos y adicciones, desde las más fuertes, como las toxicomanías, a las llamadas adicciones suaves, como la adicción al sexo y la pornografía en internet.

Pasemos ahora a analizar los mensajes ocultos en los dos correos electrónicos antes citados. Si se relee el primero de ellos, se observa que no existe distanciamiento de las emociones negativas. En las frases «Estoy realmente furiosa» y «Estaba tan enfadada que ni siquiera podía pensar» se aprecia que la remitente está apretando cada vez más el nudo emocional. En realidad, está diciendo «Yo soy» esta emoción. El nudo negativo se refuerza varias veces e incluso se proyecta hacia el futuro: «Estoy por no ir mañana a la oficina». Bastante tiempo después de que haya pasado el episodio desencadenante —dedicando unos minutos a resolver la cuestión relativa al trabajo— la persona sigue cargando con basura emocional asociada al tema antes de entrar a la clase de yoga. No existe ningún pensamiento, reflexión interna o indagación sobre lo que ha sucedido. Definitivamente, no hay atisbo de liberación del nudo.

Al releer el segundo correo se aprecia la sutil distinción entre lo que significa darse cuenta de la emoción y fundirse con ella. En este caso la remitente se desvincula en cierto modo de la emoción con la frase «la verdad es que me sentó bastante mal». Con habilidad la persona hace una pasusa para observar e incluso designa y cuantifica su grado de irritación. Asimismo se plantea una reflexión interna al preguntarse «¿por qué tienen que estropearme un día libre otra vez?». Este punto resulta importante, ya que el hecho de formular un interrogante ayuda a desvincularse del hecho. En el momento de preguntarte algo estás centrando la atención en el hecho, en el deseo incontenible o en la emoción en cuestión. Estás pensando en los nudos emocionales y reflexionando sobre ellos, en vez de crear otros nuevos.

Por último, la remitente deja cierto margen para la aceptación y la liberación, al escribir: «He reflexionado y es mejor dejarlo estar. ¡En fin! Menos mal que estoy aquí». Al sentir gratitud por estar a punto de entrar a la clase de yoga, se distancia de lo sucedido y vuelve a centrar su atención en el momento presente. La persona ya no carga con el pesado fardo de nudos indisolubles mientras practica sus posturas de yoga.

DIRIGE LUZ DE LA INDAGACIÓN HACIA TU INTERIOR Y REINCORPÓRATE AL FLUJO DE LA VIDA

Como seres humanos todos estamos expuestos a diversas formas de nudos de basura emocional que nos bloquean. Veamos, pues, cómo deshacerlos y seguir adelante con nuestra vida cotidiana. En primer lugar, es importante aceptar que se ha generado esa basura emocional. En algún momento te darás cuenta de que se han formado esos nudos. Pero es la actitud personal frente a ellos lo que determina la diferencia. La clave está en no dejarse arrastrar por los cambiantes vientos del mundo exterior y en centrarse en la presencia del propio mundo interior.

La potenciación de la conciencia interior —junto con las habilidades inherentes al pensamiento teflón expuestas en el capítulo 15— te ayudará a serenarte y a mantener una disposición abierta y flexible, incluso cuando haya que hacer frente a nueva basura emocional. Veamos cómo dirigir la luz interior de la indagación hacia la propia mente, como medio de mantenerse presente, centrado y libre de nuevos nudos.

Imagina que estás en medio de un atasco y que llegas tarde al trabajo, a una reunión, a un partido de fútbol o a cualquier otro lugar. Por si fuera poco, alguien te cierra bruscamente el paso, está a punto de provocar un accidente y después te hace un mal gesto. Este no es más que un ejemplo del modo en el que, en apenas unos segundos, puede generarse una intensa reacción negativa. A veces este tipo de episodios negativos se suceden con tal rapidez que no somos capaces de pararnos a pensar en vez de reaccionar de inmediato.

He aquí una manera de frenar el ritmo de los acontecimientos. Evoca en tu mente algún episodio similar, pero real, que en algún momento te haya hecho reaccionar de modo parecido, desagradable pero desgraciadamente frecuente, al del ejemplo mencionado. Recuerda una de estas situaciones e intenta acordarte de las emociones negativas que experimentaste y del efecto que causaron en tu cuerpo. A continuación dirige la potente luz de la indagación hacia tu interior, planteándote las siguientes preguntas mientras respiras regularmente:

- ¿Dónde se formó en primer lugar este nudo? ¿Cuál era su origen?
- ¿Qué emociones siento debido a ese nudo?
- ¿Cuál es su intensidad?
- ¿A quién conozco que haya mostrado una reacción similar?
- ¿Cómo se ha hecho tan fuerte el nudo?
- ¿Cuántas veces he reaccionado así en mi vida?
- ¿Estoy actuando como un robot?

Bien, ahora *realmente* sube al máximo la intensidad del haz de luz de la indagación interior para saber más acerca del nudo. No te esfuerces demasiado en pensar. Deja que el pensamiento fluya.

Visualiza el nudo e imagina a tu propio sabio lama interior que, súbitamente, da una palmada y te pregunta: ¿quién?, ¿qué?, ¿dónde? Plantéate los siguientes interrogantes:

- ¿Qué sensación estoy evitando o deseando con avidez en esta situación?
- ¿Por qué no acepto lo que está sucediendo en este momento?

Es posible que no tengas todas las respuestas y que nunca llegues a tenerlas; es lógico. Lo que es fundamental es indagar, formularse preguntas y romper el viejo patrón de respuesta automática. Mereces una felicitación por tener el valor de detenerte y de dirigir la luz de la indagación hacia tu interior.

Mientras indagabas de este modo, ¿sentías la inquietud, el enfado, la frustración, la impaciencia o cualquier otra emoción que experimentaste en origen? Lo más probable es que no; y ello es debido a que has cambiado tu perspectiva de forma radical y profunda. Has pasado a ser un observador o una observadora neutral, en vez de ser rehén de esa vieja respuesta condicionada de tipo robótico.

Después de esta indagación interior, entra en un plano más expansivo. Deja que los nudos se aflojen un poco más. Percibe cómo te sientes a medida que la tensión se atenúa. Es posible que la situación de conflicto en tu vida persista, pero no tienes que seguir apretando el nudo. De hecho, puedes deshacerlo, teniendo presente lo que sucede cuando te encuentras expuesto a tal situación. Basta con aplicar la indagación interior y con abrirte a tu experiencia. Libérate estando plenamente presente en el aquí y ahora. Después de todo, ese nudo no es permanente. Si se desenreda uno, todos los demás empezarán a soltarse.

HERRAMIENTA PARA LA VIDA
Deshacer los nudos

He aquí una herramienta útil para mantenerse en el presente y no enredarse en los nudos del pasado. Esta forma de meditación puede realizarse durante 10 minutos al día, o en cualquier momento en el que percibas que los nudos te están apretando. Busca un lugar aislado y tranquilo en el que nadie ni nada vaya a molestarte. El propósito de esta meditación es serenar la mente. El guijarro es una metáfora del modo en el que se puede dejar caer una piedra bajo la superficie de las turbulentas aguas de la mente. El guijarro lega al fondo del mar o al lecho de un río, donde el agua (la mente) está en calma. Al focalizar la atención en el guijarro, tu mente se aleja suavemente de todos los pensamientos agresivos e indómitos. Es así como la meditación enseña a la mente agotada a descansar.

La meditación del guijarro

Visualiza un guijarro. Puede ser perfectamente redondo o aplanado, con bordes pulidos. Imagínalo con el ojo de la mente, percibiendo cómo sus colores y sus formas brillan y relucen bajo la luz del sol. Visualiza, asimismo, las aguas cristalinas y calmadas que lo envuelven. Percibe el fondo del océano o el lecho del río en el que la piedra descansa.

Tu guijarro no tiene orden del día. No es más que una piedra, con una visión de los peces y demás fauna que pasan cerca de él. Permanece inmóvil, estable, firme y seguro, sin importar cuántos nudos y pensamientos se arremolinen en la superficie del agua. Observa desde la perspectiva del guijarro cómo los nudos se van aflojando y son disueltos por las corrientes cambiantes.

Si lo deseas, imagina que eres el propio guijarro. No debes hacer nada; tan solo «ser». Y respirar. Lo único de singular que tiene esta piedra es que inspira y espira. Si ves un pez bonito (un pensamiento placentero) que nada cerca, síguelo, para después volver a centrar la atención en tu respiración y en tu cuerpo de guijarro. Si vez un pez desagradable o incluso un tiburón (un pensamiento persistentemente negativo o temible), no debes seguirlo; siempre puedes abrir los ojos y continuar con la meditación en otro momento. No obstante, lo habitual es que los peces temibles se alejen y puedas regresar a tu cuerpo y a tu respiración como guijarro.

Si te resulta de ayuda, puedes elegir una «palabra de guijarro» para centrar la mente. Puede tratarse de una frase o de una palabra neutra o reconfortante —«uno», «paz», «calma», «guijarro», «verde»— o de una palabra que no estimule la mente ni genere asociaciones mentales. No fuerces la palabra. Solamente dale prioridad frente a otros pensamientos, manteniéndote siempre consciente de tu respiración y de tu cuerpo. Si tu mente divaga o sigue el pensamiento de un pez bonito, déjala fluir. Simplemente regresa con suavidad a la palabra de guijarro.

¿De qué manera este ejercicio serena tu mente? ¿Eres capaz de continuar con tu respiración y tu cuerpo de guijarro, y con la palabra de guijarro si has elegido una?

Como cualquier otro ejercicio de limpieza de basura emocional, este funciona también mejor si se practica con regularidad. Para programarlo, pregúntate en qué momentos del día puede resultarte más eficaz o útil para deshacer nudos cotidianos.

Capítulo 19

TOMA DOSIS DIARIAS DE ALEGRÍA

Sé feliz con lo que tienes y regocíjate con las cosas tal como son.
Cuando te das cuenta de que nada falta, el mundo te pertenece.

LAO TSÉ [1]

HAY una receta perfecta para sentirse infeliz y consiste en *ignorar todas las cosas buenas y agradables que te rodean a lo largo de un día normal y en quejarte de las cosas que no puedes cambiar y, por qué no, también de las que sí puedes cambiar.* Todos hemos pasado por momentos así. Nunca olvidaré una charla que di en cierta ocasión en una librería de un centro comercial, con motivo de la presentación de mi libro *Living Kindness* (publicado en español con el título *Vivir la bondad*). El público estaba integrado por un grupo de unas 25 personas, agradables e interesadas en el tema.

Decidí empezar la charla planteando una pregunta que sirviera como apunte para tomar el pulso a mi escueta audiencia: «¿Cuántos de ustedes se han sentido agradecidos por algo en su vida hoy mismo?». Era poco después del mediodía, así que supuse que todos los presentes habrían experimentado *algo* apreciable, aunque solo fuera el agua corriente, el sol, la calidez de la ropa, el sentirse lo bastante sanos para ponerse en pie y caminar, el disponer de comida apenas a unos pasos, en la zona de restaurantes del centro comercial, o los cómodos asientos que ocupaban en la librería en ese momento. Ni una sola mano se alzó. No es que no estuvieran por la labor. Sencillamente no habían percibido en ningún momento las cosas comunes, buenas y agradables que tenían ante sí.

Sin duda se trata de una trampa en la que es fácil caer. Dadas las elevadas expectativas y los intensos niveles de estimulación que experimentamos, lo único que parece captar nuestra atención son los objetos más nuevos y sorprendentes o las noticias más dramáticas. En nada ayuda el hecho de que estemos programados para detectar las novedades y que nos sintamos seducidos por la percepción de que podemos comprar la felicidad yendo de compras. No culpo a nadie por ello. Esta es la pecera en la que nadamos. Pero si realmente deseamos erradicar la basura emocional de nuestra mente y sentir aprecio por lo que tenemos, no hay mejor forma —y menos costosa— de hacerlo que identificar el placer, compararnos con quienes se ven obligados a acudir a comedores de beneficencia o conversar con los más pobres. A veces, para valorar lo que tenemos, basta con alzar la vista y mirar a nuestro alrededor.

Conviene considerar un par de cuestiones relativas a la alegría y a los motivos por los que a veces es ignorada, o interpretada de forma errónea. En primer lugar, es importante señalar que sentir alegría no significa eludir la realidad de las dificultades y los sinsabores de la vida. Precisamente porque la vida nos plantea retos, y a veces nos lleva a afrontar fracasos, ello no supone que no puedas, incluso de manera simultánea, desviar tu conciencia y experimentar alegría. Esta es la hermosa ambigüedad de la vida. No se trata de una simple operación aritmética, como $1 + 1 = 2$. La alegría y el sufrimiento coexisten, al igual que la luz contiene todos los colores del arcoíris. Para sentirnos plenamente vivos, necesitamos encontrar la alegría aparentemente oculta, pero que en realidad está a nuestro lado.

Como segundo aspecto a tener en cuenta, la alegría no es un placer culpable, algo que implique que no estás siendo productivo. Después de todo, la alegría no parece productiva, pero ¿es así? Esta es la cuestión. De hecho la alegría contrarresta la interpretación mecanicista de la vida, según la cual nos medimos en virtud de lo que producimos y hacemos, como si fuéramos máquinas. La alegría integra los componentes, en apariencia dispares, de la vida y, a su luz, se valora la auténtica experiencia vital. En este contexto incluso nuestro trabajo puede estar lleno de alegría, del elemento que entrelaza los hilos de la vida formando una tela sin costuras.

UNA MEDICINA PARA CUERPO, MENTE Y ESPÍRITU

La diferencia entre alegría y felicidad es ciertamente sutil, aunque importante. La felicidad a veces se contempla como un resultado emocional, como algo que puede conseguirse y mantenerse. Todos hemos escuchado comentarios como:

- Seré feliz cuando consiga ese ascenso.
- Mi vida no será plena hasta que no encuentre la persona de mis sueños.
- Cada vez que veo el coche nuevo de mi vecino me siento decepcionado, aunque el mío funciona perfectamente.

En efecto, puedes sentirte feliz cuando alcanzas ciertos objetivos, pero, ¿durante cuánto tiempo? En realidad, estos resultados o puntos finales son estaciones de tránsito que conducen a algún otro lugar. Los resultados a los que nos aferramos no son realmente finales, aunque a menudo los percibamos de este modo, como si además nunca fueran a cambiar. Por desgracia, los intentos de eludir un sentimiento negativo o de atrapar una emoción positiva suelen resultar efímeros, al depender de factores externos, de algo que no podemos controlar.

¿Y qué es lo que *podemos* controlar? Podemos controlar dónde centramos nuestra atención y el modo en el que podemos autorregularnos. En esto se diferencian la alegría y la felicidad. La noción de *alegría* se asocia a la de regocijo, disfrute, es decir, a todo aquello que hacemos o sentimos y que nos proporciona placer. La felicidad se evalúa con frecuencia atendiendo a diversos aspectos del bienestar y de la satisfacción vital —algunos países utilizan un índice denominado felicidad nacional bruta, FNB, considerando factores tales como salud, uso del tiempo, nivel de vida, educación, vida social, etc. La alegría, en cambio, se vincula a una experiencia del momento, edificante y fugaz.

La felicidad es un nombre, mientras que el regocijo, el sentir alegría, se vincula a un verbo. La acción de regocijarse, de alegrarse, lleva implícita la participación en un determinado momento. Ello plantea dos preguntas. ¿Cómo deseas actuar? ¿Cuándo fue la última vez que disfrutaste y te alegraste abierta e intensamente?

La risa es un buen ejemplo de lo que supone regocijarse en el momento. Los científicos han descubierto que la risa hace algo más que levantarnos el ánimo. En los años sesenta Norman Cousins estudió el efecto de la risa sobre la salud física, a partir de su propia experiencia, ya que él mismo tuvo que afrontar una grave enfermedad que puso en peligro su vida. Los médicos le dijeron que solo le quedaban 6 meses y los dolores que sufría apenas lo dejaban dormir. Desesperado por no poder conseguir apenas descanso, optó por algo que nadie hubiera pensado que funcionaría: una dosis masiva de risa.

Cousins hizo que lo llevaran a la habitación del hospital un proyector de 35 mm, con el que proyectaba sobre la pared películas cómicas. Enseguida observó que media hora de carcajadas le reportaban un efecto anestésico que le permitía dormir sin dolor durante 2 horas. Más tarde, la investigación confirmaría la validez de estos primeros hallazgos. El proceso llevaría a Cousins a lograr su plena recuperación y, en última instancia, a su trabajo de investigación en la universidad UCLA. En la actualidad el Centro Cousins de Psiconeuroinmunología de dicha institución continúa desarrollando innovadores trabajos de investigación sobre las conexiones entre mente y cuerpo.

En la época en la que Cousins comenzó a aplicar la risa como terapia, aún no conocía el modo en el que las hormonas tóxicas del estrés eran eliminadas de su organismo ni el hecho de que su sistema inmunitario recibía un potente refuerzo a través de la risa. Desde entonces, cientos de estudios clínicos revisados por expertos han puesto de manifiesto cómo se desarrolla el proceso. Uno de ellos, publicado en la revista *Alternative Therapies in Health and Medicine*[2], investigó los efectos que se registraban en enfermos de cáncer cuando visionaban un vídeo de humor. A un grupo de dichos pacientes se les mostraba ese vídeo, mientras que los integrantes de otro grupo de control veían un documental de turismo, no cómico.

Los investigadores hallaron una significativa disminución de las concentraciones de hormonas del estrés en los sujetos que habían visionado el vídeo humorístico. Ello se debe al hecho de que el cortisol, una de las hormonas del estrés, disminuye las defensas y causa la muerte de los linfocitos citolíticos naturales, conocidos también como células NK (del inglés, *natural killer*). Estos linfocitos son células inmunitarias que atacan a los virus e incluso a ciertos tipos de células tumorales. El grupo de pacientes con cáncer que vio el vídeo de humor realmente experimentó un significativo incremento de la actividad de las células NK. A partir de tal hallazgo los autores del estudio llegaron a la conclusión de que «dado que una actividad baja de los linfocitos NK se asocia a una menor resistencia a la enfermedad y a mayor morbilidad en personas con cáncer o infección por VIH, la risa puede considerarse un recurso cognitivo-conductual de notable utilidad».

También se ha demostrado que la risa eleva las concentraciones de la hormona del crecimiento humana y de las endorfinas que atenúan el dolor. No hay duda de que es algo que hace que nos encontremos mejor. Asimismo, contribuye a que establezcamos vínculos con otras personas y es una forma de interacción social y una fuente de placer. La risa, junto con otras manifestaciones de alegría, ayuda a superar las emociones negativas. Por ejemplo, ¿te has sentido alguna vez alegre y enfadado al mismo tiempo, o agradecido y envidioso simultáneamente? Es evidente que se trata de sentimientos incompatibles. No es posible experimentar gratitud hacia alguien al tiempo que se sienten celos o envidia hacia esa misma persona.

Al igual que las reflexiones negativas o la basura emocional bloquean la alegría, esta puede a su vez hacer lo propio con la basura emocional. Buen ejemplo de ello es Alina.

Una joven de 23 años, brillante, comprometida y llena de fuerza, que acudió a mí cuando comenzó a sentir que regresaban a ella los pensamientos obsesivos sobre la comida y la imagen corporal, temiendo una posible recaída en los trastornos alimentarios que tuvo en el pasado. Afortunadamente, aún no había empezado a restringir su alimentación ni a hacer ejercicio de manera excesiva y extenuante. Como trabajó como terapeuta de salud mental en la misma clínica en la que Alina había estado ingresada durante 3 meses, sabía lo difícil que podía ser para ella hacer frente a trastornos como la anorexia o la bulimia. Incluso el menor estado de estrés podía desencadenar la necesidad de controlar la comida.

Alina se encontraba sometida a estrés, pues volvió a casa de sus padres, donde sus hábitos alimentarios eran vigilados muy de cerca por su madre. Incluso su novio se había autoasignado cierto papel de cuidador, al desear, lógicamente, que la joven no volviera a recaer en su enfermedad. En vez de disfrutar de su nueva libertad, alejada de los comportamientos nutricionales obsesivos, se sentía nerviosa y percibía que todo el mundo controlaba lo que hacía en relación con los alimentos, cosa que, por lo demás, sucedía realmente. Al principio, asumir que se encontraba en un periodo de transición la ayudó a aceptar un poco mejor su situación.

Pero lo que verdaderamente ayudó a Alina fue centrarse en la alegría. En mis primeras sesiones con ella conseguí algunas pistas sobre su manera de experimentar alegría y disfrutar. Ella misma me comentó que en un reciente viaje a Nueva Orleans, no le había supuesto problema alguno probar distintos tipos de alimentos o ir a restaurantes, sin tener que examinar a fondo la carta antes de entrar, cosas que antes, cuando sufría activamente los síntomas de su trastorno alimentario, no podía hacer. Febril aficionada al dibujo, en aquel viaje Alina realizó un montón de bosquejos del natural del barrio francés de Nueva Orleans, de Bourbon Street, del Garden District y de muchos otros lugares. Cuando le dije que me los mostrara, no dudó en hacerlo. Estaba claro que cuando se centraba en lo que le proporcionaba satisfacción, alejaba su atención de todos los pensamientos negativos relacionados con su trastorno alimentario.

Así que le puse unos deberes para hacer en casa. Le pedí que imaginara que Portland, la ciudad en la que vivía, era un exótico lugar que podía plasmar en su cuaderno de dibujo. Al estar familiarizada con el aprendizaje visual, Alina captó la idea de inmediato. Le indiqué que siempre que le viniera a la cabeza cualquier pensamiento relacionado con su trastorno alimentario, sacara su bloc y dibujara algo hermoso o singular. Cuando volvió a la semana siguiente, parecía ya encontrarse en fase de recuperación. Estaba encantada de poder utilizar las artes visuales para acceder a lo que le proporcionaba alegría y a lo que era su verdadera pasión y, como consecuencia de ello, las alteraciones de su alimentación fueron remitiendo.

Los trastornos alimentarios son algo muy complejo; nada más lejos de mi intención que sugerir que solo la alegría y el disfrute son la panacea para aquellas personas que sufren un trastorno activo y consolidado. En primer lugar, las alteraciones cognitivas causadas por la falta de una alimentación y una nutrición adecuadas hacen que, a veces, la propia noción de disfrute, de alegría, resulte incomprensible. Sin embargo, el hecho de que la alegría ayude en ocasiones a combatir los pensamientos obsesivos es una prueba de la fuerza y del efecto fortalecedor de este ejercicio de limpieza de desorden emocional.

HERRAMIENTA PARA LA VIDA
Dosis diarias de alegría

Estas tres herramientas para la vida te ayudarán a encontrar alegría. Una vez que comiences a experimentar esa alegría a lo largo del día, irás aplicando con mayor frecuencia estos ejercicios, casi sin darte cuenta. Incluso en momentos en los que, hasta hace poco tiempo, te sentías irritado o molesto, te descubrirás a ti mismo mirando a tu alrededor en busca de tu dosis de alegría. ¡Qué maravilla!

Prueba los siguientes ejercicios para saber cuál es el mejor, en tu caso, para obtener esas pequeñas dosis diarias de placer.

1. *Reflexionar sobre la gratitud*

Una forma útil de encontrar alegría es sentir gratitud o aprecio por las cosas que nos rodean. Se trata de algo sorprendentemente fácil de hacer. La gratitud depende en buena medida de aquello en lo que se centra la atención. Hay dos opciones: puedes concentrarte en lo que falta en tu vida o puedes hacerlo en lo que está presente en ella. He aquí tres tipos de gratitud sobre los que es posible reflexionar:

Regalos diarios básicos y personales

El techo que te cobija	Transporte	Dormir
La luz del sol	Salud	Sonrisa
El agua corriente	Mobiliario	Asientos
Los alimentos	Café/té	Árboles
Caminar	Tus cinco sentidos	Electricidad
Tener trabajo	Ropa	Silencio

Regalos diarios vinculados a las relaciones

Amigos	Familia	Cuidadores
Conversación	Amabilidad	Generosidad
Reuniones	Intimidad	Risa
Compañeros	Seguidores	Compartir
Amistades espirituales	Mascotas	Solidaridad
Celebraciones	Comidas compartidas	Cooperación

Regalos diarios paradójicos

La noción de «regalo paradójico» se asocia a los sentimientos de alegría o gratitud por algo que, en realidad, se desearía que no formara parte de nuestra vida. Por ejemplo, cuando padeces un resfriado o una gripe que te impide ir a trabajar, puedes sentir gratitud por el hecho de que la afección te haya obligado a bajar el ritmo, a pensar en cuidarte más o a recuperarte del «sueño atrasado». En un seminario una joven comentó en cierta ocasión que se sentía paradójicamente agradecida por haber perdido la cartera, debido a las numerosas personas que se habían mostrado amables con ella y la habían ayudado. De forma similar, una de mis pacientes manifestó que se sentía paradójicamente agradecida por haber puesto fin a una relación de amistad, lo cual la había llevado a conocer a otras personas y a encontrar nuevos amigos, con los que compartía más intereses comunes. La gratitud paradójica pone de manifiesto que la vida no plantea siempre una elección entre dos opciones. Como un sabio dijo una vez: «Agradece lo que ya tienes en la vida y nunca te sentirás decepcionado».

Para llevar este planteamiento a la práctica, piensa en situaciones difíciles de tu vida actual y utiliza el pensamiento teflón para alcanzar una mentalidad clara y luminosa. ¿Que gratitud paradójica o qué alegría te espera?

2. *Encontrar citas sobre la alegría con las que te identifiques*

A algunas personas sentirse inspiradas por las palabras de aquellos a quienes admiran les sirve como ayuda para acceder a sus pequeñas dosis diarias de alegría. Utiliza alguna de las citas propuestas a continuación, o alguna otra que encuentres o que conozcas y que te inspire, para encontrar tus dosis diarias de alegría. Llévala en el bolso, en la cartera o en el móvil, y léela de vez en cuando a lo largo del día para centrarte en encontrar alegría. He aquí algunos ejemplos con los que comenzar:

> Es la historia de nuestras bondades la única que hace el mundo tolerable. Si no fuera por ellas, por el efecto de las palabras, de los gestos y de las cartas amables... me inclinaría a pensar en nuestra vida como una burla práctica en el peor humor posible.
>
> Robert Louis Stevenson [3]

> Goza, goza de la vida que nos ha sido dada, momento a momento.
>
> Richard Kirsten Daiensai [4]

> Creo que una vida sencilla y sin pretensiones es buena para todo el mundo, física y mentalmente.
>
> Albert Einstein [5]

> No tengas nada en tu casa que no sepas que es útil o que no creas que es hermoso.
>
> William Morris [6]

> El mundo es barro suculento y charco maravilloso.
>
> e. e. cummings [7]

3. *La práctica de GLAD*

GLAD (en inglés, «alegre, contento») es un acrónimo que ideé en su día para el ejercicio de búsqueda de la alegría y del equilibrio. Su aplicación actúa centrando la atención en ciertos aspectos positivos de la vida que siempre nos rodean, pero que a menudo pasamos por alto. ¿Parece fácil? Lo es. El acrónimo está integrado por las iniciales G de *gratitude* (gratitud), L de *learning* (aprendizaje), A de *accomplishment* (logro) y D de *delight* (placer). Cada uno de estos aspectos es una dosis de alegría a la que puedes acceder.

Para aplicar este ejercicio a diario, anota al final del día, en el móvil o en una ficha, las experiencias GLAD, para conservarlas. De este modo podrás compartirlas con otras personas y, al final de la semana, reflexionar sobre las pequeñas dosis de alegría que has ido acumulando.

- **Gratitud.** Céntrate en algún aspecto por el cual hayas mostrado agradecimiento durante el día, que puede corresponder a cualquiera de los tres tipos de gratitud arriba citados.
- **Aprendizaje.** Toma nota de algo que hayas aprendido durante el día sobre ti mismo, como haberte dado cuenta de alguna capacidad que posees. Puede ser que apliques la actitud teflón y descubras algo nuevo e interesante acerca de otra persona. O puede ser que aprendas algo nuevo o descubras una nueva perspectiva que te aporta alegría por el simple hecho de resultar divertida o curiosa.
- **Logro.** Fíjate en algún propósito que hayas cumplido durante el día, aunque se trate solo de un pequeño paso en la consecución de un objetivo más a largo plazo. Erróneamente, solemos considerar que los logros deben ser siempre ambiciosos, cuando algunos de los mejores logros son actos sencillos en el marco del autocuidado personal o de la atención a otros.
- **Placer.** Céntrate en algo que te haya hecho reír, sonreír o sentir alegría hoy. Puede tratarse de una imagen bella, del canto de

un pájaro, de un chiste gracioso, de una sonrisa, de una percepción cromática o de tantas otras cosas.

¿Con cuál de estos ejercicios sientes un mayor grado de identificación?

Cada vez que compartas tu ejercicio de alegría con otra persona o que preguntes a esa persona qué es lo que le proporciona más alegría o le inspira mayor gratitud, estarás generando un círculo de gozo y alegría en tu vida. Piensa en el modo de aplicar estos ejercicios en tus relaciones con familiares y amigos.

Capítulo 20

AHORA ES EL MEJOR MOMENTO PARA CONECTAR CON TU PROPÓSITO

El secreto del éxito es la constancia en el propósito.

BENJAMIN DISRAELI [1]

EL propósito es como el elixir de la vida de los alquimistas. El propósito otorga el poder necesario para convertir en oro las acciones más corrientes. Al alinearse con el propósito, todo en la vida se torna más resplandeciente, más vivo, más estimulante y más cargado de significado. Como un potente disolvente, el propósito arrastra la basura emocional. Es lo que dota de encanto a cada momento y lo que activa nuestra capacidad de actuar con claridad y sabiduría. Quienes tienen un propósito claro suelen ser capaces de identificar objetivos específicos que enriquecen su vida con un poderoso sentido de la orientación y del valor.

El propósito tiene un punto de partida, un lugar desde el cual podemos comenzar a analizarlo, a acceder a él y a conocerlo en profundidad. La conexión con el propósito puede contemplarse como un proceso en cuatro etapas. La primera de ellas empieza con el análisis de la función que ha desempeñado en nuestra vida. Es importante evaluar con sinceridad si hemos utilizado o no ese propósito y los valores a él inherentes en el pasado. A este respecto, puedes plantear lo siguiente:

Mirando hacia atrás en mi vida, ¿en qué medida me he alejado de mi propósito o de los valores a él asociados, de manera que haya podido causar daño o sufrimiento a otros, con o sin intención?

Esta pregunta no pretende apenarte o hacer que te sientas mal, generando más basura emocional. Por el contrario, es un medio para favorecer el arrepentimiento, que es el segundo paso para recuperar la vía que conduce a la salud y la sanación. El arrepentimiento no es algo malo, ni es lo mismo que el sentimiento de culpa. La culpa presupone reprocharse a uno mismo innecesariamente algo que no se puede cambiar. Por el contrario, el arrepentimiento va unido a sentimientos que tienen relación con acciones pasadas, con objeto de motivarte a actuar de manera diferente en el futuro. A través de él reorientas tu propósito, en vez de autoflagelarte sin abordar realmente cambio alguno. La culpa no hace más que ahondar en la basura emocional acumulada, mientras que el arrepentimiento es el semáforo en rojo que nos advierte que es preciso detenerse y perdonarse a uno mismo antes de que el semáforo vuelva a ponerse en verde.

En tal contexto el perdón constituye el tercero de los pasos en el proceso de conexión con el propósito. El perdón nos lleva a borrar todo lo escrito y a empezar de nuevo. No es que sencillamente olvides, sino que perdonas aun recordando. Perdonarte a ti mismo por el daño que hayas podido infligir a otros —o perdonar a otros por el daño que nos han hecho a nosotros— es un poderoso regalo que te haces a ti mismo. En este marco puede ser adecuado seguir la filosofía de Nelson Mandela, quien en su día escribiera que «Pensar mejor de las personas a menudo hace que estas sean mejores de lo que de otro modo habrían sido» [2].

Si se puede perdonar y pensar bien de los demás, ¿por qué no hacer lo propio en relación con uno mismo? Recuerda, nadie es perfecto. Si te resulta difícil perdonarte a ti mismo, comienza por aceptar la dificultad que supone vivir en el cuerpo y en la mente de un ser humano y de sobrevivir a las adversidades y a los retos que los humanos hemos de afrontar. Como ya se ha apuntado, esta percepción del sufrimiento conduce en ocasiones a la compasión y al amor hacia uno mismo y hacia los demás. Cualquier persona puede tener la mejor de las intenciones y, aun así, cometer errores. En realidad, es maravilloso que no seamos como máquinas y que podamos aprender de nuestros propios errores. Eso es lo que nos dota de resistencia y de esperanza, y lo que nos lleva a la cuarta etapa del proceso, es decir, a la fijación de los objetivos que nos permitan lograr la alineación con nuestro propósito. En definitiva, puede afirmarse que el propósito es la madera de la que está hechos los héroes y, a partir de tal premisa, parece llegado el momento de plantearse una pregunta:

¿Qué clase de héroe soy? ¿Cuál es mi propósito de héroe?

No sientas timidez al responder. ¿Te has parado alguna vez a pensar en que, en tu vida, eres realmente un héroe o una heroína? El viaje del héroe es el elemento clave de lo que a veces se designa como viaje del héroe mítico o arquetípico. Este, a su vez, nos otorga a cada uno de nosotros un don especial para que lo compartamos con los demás, el don de nuestro propósito y nuestra pasión verdaderos.

ENCONTRAR EL PROPÓSITO A TRAVÉS DE TU VIAJE DE HÉROE

El viaje del héroe arquetípico fue investigado a fondo por el filósofo, especialista en mitología y escritor Joseph Campbell. Básicamente, el viaje del héroe queda definido por las dificultades a las que nos enfrentamos. Es una llamada a la que todos hemos de atender, aun sin desearlo. Podemos encontrar ejemplos modernos en el mundo del cine. En las películas abundan los personajes que encarnan a improbables héroes que superan todas las dificultades para que prevalezca la justicia. En *Veredicto final* Paul Newman interpreta a un abogado alcohólico en el peor momento de su carrera, que necesita algo en lo que volver a creer. En las películas de la saga de *La guerra de las galaxias* el joven e ingenuo Luke Skywalker se ve obligado a afrontar sus temores y a creer en la Fuerza. En *Norma Rae* Sally Fields encarna a una madre soltera y trabajadora textil que lucha contra viento y marea para lograr la unión de los trabajadores de su fábrica en un sindicato. Cada héroe tiene un propósito.

La historia del héroe que actúa movido por un propósito halla reflejo en nosotros mismos, incluso cuando somos niños. Piensa en tu libro favorito en la infancia. Probablemente su protagonista principal afrontaba todo tipo de obstáculos y crecía con la experiencia. De hecho, cualquier transición que te lleve a un nuevo territorio vital puede contemplarse como parte del viaje del héroe. Cuando te trasladas a vivir a otra ciudad, cambias de trabajo, inicias o pones fin a una relación o tienes un problema de salud, estás emprendiendo tu viaje de héroe en un sentido muy real.

¿Alguna vez te has resistido a emprender tu viaje? No es en absoluto insólito, puesto que el viaje nos lleva en esencia hacia lo desconocido. Esto me recuerda el caso de Gwen, una paciente de 35 años a la que traté en la clínica especializada en trastornos alimentarios en la que yo trabajaba por entonces. Gwen no había hecho las gestiones necesarias para su alta hospitalaria, es decir, no había concertado las citas pertinentes con un equipo de apoyo externo. Quienes la atendíamos estábamos preocupados por darle el alta sin que contara con la debida infraestructura de apoyo.

Sucedió que el último día de hospitalización de Gwen, preparé una sesión de grupo con los pacientes en la que hablé del viaje del héroe, incluso trazando un bosquejo del viaje en la gran pizarra de la sala grupal. Cuando terminé, Gwen casi saltó de la silla presa de la emoción. Levantó la mano y exclamó «¡Ya sé lo que tengo que hacer para iniciar mi viaje de recuperación! ¡Tengo que llamar a un terapeuta y concertar una cita con él!». La percepción del viaje del héroe le marcó a Gwen una clara hoja de ruta. Descubrió también cuál era su propósito en ese momento: participar activamente en el cuidado de sí misma. Por fortuna, respondió a la llamada.

¿Qué tipo de viaje del héroe podemos abordar a lo largo de nuestra vida? En lo que a mí respecta, he encarado el viaje del héroe más veces de las que puedo recordar y en cada ocasión (afortunadamente) he alcanzado nuevas capacidades y nuevos niveles de *mindfulness*. Es posible que yo sea lento en el aprendizaje, o que esta condición lenta y progresiva sea inherente a la propia naturaleza del viaje vital de revelación y erradicación de la basura emocional.

Incluso la lectura de un libro como este puede contemplarse como parte del viaje del héroe. La clave está en que los héroes no solo son personajes míticos o de ficción. El héroe es esa persona a la que ves en el espejo cada mañana. He aquí algunos ejemplos de héroes cotidianos a los que he tenido la fortuna de conocer y de poder mostrar mi gratitud a lo largo de mi vida:

- Una exadicta a la droga que se convirtió en asesora de toxicómanos y alcohólicos en tratamiento: su propósito era ayudar a los demás a recuperarse, sirviéndose de la experiencia acumulada durante su propia lucha contra la adicción.
- Un exgimnasta que se convirtió en entrenador: su propósito era devolver a los demás los conocimientos adquiridos sobre el trabajo en equipo y la práctica deportiva.
- Una madre soltera que se entregó en cuerpo y alma al cuidado de su hija: su propósito era dar la oportunidad a la niña de desarrollarse en un entorno saludable, a pesar de no contar con la presencia o el apoyo de la figura paterna.
- Todas las familias que he conocido en las que alguno de sus miembros tenía un problema de salud mental: su propósito era conseguir la integridad y la salud necesarias para compartir su historia de curación y/o para trabajar como voluntarios ayudando a otras personas (a través de organizaciones como la National Alliance on Mental Illness).
- Un rudo motorista que había sufrido maltrato en su infancia: su propósito era prestar apoyo y protección contra el maltrato infantil a través de la asociación internacional Bikers Against Child Abuse.
- Las mujeres y los hombres que han de hacer frente al dolor crónico: su propósito es demostrar a los demás su increíble valor y

encontrar alegría y sentido espiritual, a pesar de sus limitaciones físicas.

- Una mujer que superó al alcoholismo y los malos tratos de su marido: su propósito era llevar una vida independiente y fundar un grupo en el que otras mujeres pudieran beneficiarse de su experiencia.

A continuación, expongo las distintas etapas del viaje del héroe arquetípico. Como verás, es posible que reflejen un viaje en el que actualmente estás embarcado o uno que estás a punto de emprender. Recuerda, además, que hay diferentes viajes, vinculados a relaciones personales, al puesto de trabajo y a la proyección profesional, al papel de padres, y muchos otros. Si estás realizando más de uno de estos viajes a la vez, elige el más significativo en este momento.

- El héroe recibe una llamada para emprender un viaje o una aventura, que requiere desarrollo personal.
- El héroe busca ayuda de una persona sabia, un mentor o un maestro, que le anima a seguir la llamada.
- El héroe emprende el viaje, atravesando la frontera que separa lo familiar de lo no familiar, lo ordinario de lo extraordinario, lo desconocido y lo misterioso. En términos reales, ello puede implicar, por ejemplo, el inicio de un tratamiento o la incorporación a un programa de rehabilitación.
- El héroe afronta una o más adversidades, encuentra aliados y rivales. Se le pone a prueba. Este proceso supone una iniciación a una mayor madurez, a lo largo de la cual el héroe ha de comprometerse nuevamente en el viaje.
- El héroe entra en la cueva más profunda y aborda la prueba suprema. Este reto le obliga a afrontar sus mayores dudas, a menudo simbolizadas por la oscura noche del alma.
- El héroe blande la espada que le permite superar el gran desafío y completar con éxito el viaje. La «espada» puede asumir las más diversas formas, por ejemplo, la de técnicas de *mindfulness*

o la de herramientas para la vida destinadas a limpiar la basura emocional, como las inlcuidas en este libro.

- El héroe cruza de nuevo la frontera que lo devuelve al mundo ordinario, del que partió en origen.
- El héroe regresa a casa. Profundamente transformado por la experiencia, comparte su nuevo conocimiento y su nueva sabiduría, que son un tesoro del que se benefician todos aquellos que han permanecido en el mundo ordinario.

La transformación es lo que hace que el viaje sea tan especial. El héroe retorna radicalmente cambiado, con un nuevo bagaje de valores y creencias. Ello deriva en

una claridad de propósitos, nueva y total, y en el conocimiento de cómo interactuar de manera eficaz y plena de significado en el mundo «corriente» de la vida cotidiana. Aunque el propósito de cada sujeto es único y específico de su viaje personal, existe una pauta común para hallarlo. Como dijo el especialista en el tema Joseph Campbell, «persigue tu dicha».

Después de reflexionar sobre tu viaje personal, plantéate las siguiente preguntas. No importa que te encuentres al principio, en el curso o al final del viaje, llega lo más lejos que puedas en tus respuestas y así podrás conectar con tu propósito.

- ¿En qué punto del viaje me encuentro?
- Si no me he embarcado aún en el viaje, ¿qué es lo que me retiene?
- ¿Cómo puedo hallar apoyo y recursos a medida que avanzo en el viaje?
- ¿De qué modo muestro mi compromiso con respecto a este viaje?
- ¿Qué capacidades o qué medios me ayudarán a concluir con éxito el viaje?
- Si he concluido el viaje, ¿qué conocimiento y qué propósito he hallado?

- ¿En qué medida me ha proporcionado el viaje una mayor claridad en lo que se refiere a mi propósito, único y especial?
- Aunque el viaje no haya concluido, ¿con qué propósito y con qué valores podría identificarme para lograr completarlo de manera satisfactoria?

EL PROPÓSITO ES NUESTRO REGALO

No pienses que tu propósito ha de ser algo extraordinario, colosal o capaz de cambiar el mundo para que merezca la pena. Como dejó escrito el maestro budista del siglo VI Shantideva:

«Todo el sufrimiento del mundo surge de buscar la felicidad de uno mismo. Toda la felicidad del mundo surge de buscar la felicidad de los demás» [3].

La ciencia ha probado la sabiduría atemporal de la acción de donar y ha demostrado que incluso el más pequeño propósito formulado en favor de otros prolonga la vida y tiene un efecto beneficioso sobre el cerebro. Un estudio publicado en la revista *Journal of Gerontology: Medical Sciences* investigó el modo en que el propósito —en este caso el voluntariado para ayudar a niños de corta edad— repercutía en un conjunto de personas de edad avanzada (con un promedio de 68 años), expuestas a riesgo de deterioro cognitivo. Asignaron aleatoriamente a los participantes a dos grupos [4]. El primero fue adscrito en un programa de base comunitaria llamado Experience Corps, mientras que el grupo de control lo constituían personas que mantenían un estilo de vida sedentario. Antes y después del estudio los integrantes de ambos grupos fueron sometidos a diversas pruebas cognitivas, entre ellas una resonancia magnética funcional (RMf) para medir la actividad cerebral. Los participantes del Experience Corps enseñaron y orientaron a niños en los primeros años de escolarización en las áreas de lectura, uso de recursos de la biblioteca y resolución de conflictos, durante 15 horas a la semana. En comparación con sus homólogos sedentarios, los adultos que participaron en estas tutorías arrojaron resultados significativamente mejores en las pruebas cognitivas, así como cambios positivos en la función cerebral. Los investigadores llegaron a la conclusión de que «los resultados de este estudio piloto ofrecen una prueba del concepto de plasticidad cerebral asociada al uso en las fases tardías de la vida y de que las intervenciones diseñadas para fomentar la salud y la funcionalidad a través de actividades cotidianas pueden mejorar dicha plasticidad en regiones clave para la función ejecutiva». En términos menos técnicos el estudio demuestra el poder de aportar un propósito a otros.

¿Y qué decir de un propósito más focalizado, como el de tener un motivo para hacer ejercicio? William Morgan, investigador sobre los efectos del ejercicio, se preguntó si «la actividad física orientada a la consecución de un propósito» aumentar el nivel de cumplimiento de un programa de ejercicios, y publicó su estudio de investigación en la revista *Quest*[5]. Morgan estableció que, entre las personas que había examinado, la incorporación de un propósito preestablecido había dado lugar a un nivel de cumplimiento del programa del 100%. Así pues, en vez de extenuarnos estérilmente en una máquina elíptica o una cinta de correr, podemos ayudarnos a nosotros mismos si integramos la actividad física con otra que la dote de significado, por ejemplo, corriendo mientras paseamos al perro, yendo al trabajo caminando o en bicicleta o construyendo un sendero de piedras que embellezca nuestro jardín. La eliminación de la basura emocional y el establecimiento del equilibrio mientras perseguimos un propósito pueden producirse de múltiples maneras, a través de la conexión con otras personas o incorporando un propósito a nuestras actividades y experiencias cotidianas.

HERRAMIENTA PARA LA VIDA
El propósito es asociación, la asociación es propósito

Supón que sales de casa simplemente para dar una vuelta a la manzana. Es posible que pienses que se trata de una actividad solitaria, aunque puedes buscar una dimensión más profunda. Ese paseo te pone en relación con muchas cosas: las prendas que vistes y las zapatillas que calzas, el clima, el entorno natural, los vecinos, la gente que va caminando, los que corren, los ciclistas, los coches y camiones, los sonidos que vas escuchando, las mascotas y demás animales, las calles y caminos del vecindario, etc. Asimismo, estableces una relación con lo que piensas mientras paseas. Ello es válido para cualquier actividad que realices, como el simple hecho de estar leyendo estas líneas. Incluso yo, mientras escribo este texto, estoy estableciendo una relación con el lector. Cualesquiera que sean las actividades que lleves a cabo, los principales interrogantes que debes plantearte son los siguientes:

- ¿Cómo puedo crear asociaciones que aporten bondad, salud y compasión a mi vida?
- ¿Cuál es el propósito de las diversas asociaciones en mi vida actual?
- ¿De qué modo pueden mis asociaciones con otros contribuir mutuamente a nuestros respectivos objetivos vitales?
- ¿Cómo puedo crear una red sostenible de asociaciones y propósitos que beneficie a las futuras generaciones?
- ¿De qué manera puedo compartir los propósitos de los demás —y ellos los míos— de modo que nuestros anhelos en lo que a propósitos se refiere se conviertan en realidad?

Anota un objetivo modesto y realista relacionado con el propósito que te hayas planteado para el día de hoy, como ofrecer una sonrisa y una frase amable a alguien, cumplir con tu trabajo de la mejor manera posible, prestar atención a lo que dicen los demás o hacer algo para ti mismo, en forma de autocuidado o autocompasión.

A continuación anota un propósito específico planteado a más largo plazo, que sea importante para ti y que puedas ofrecer a una o más personas, por ejemplo, la semana próxima. Puede tratarse de pasar un rato con los nietos, con un hijo, con otro familiar o con un amigo, de dedicar un tiempo a trabajar en el banco de alimentos local o en otra organización benéfica, de crear un grupo comunitario de asistencia a los más desfavorecidos o de compartir el relato de tu viaje con otras personas, enseñándoles lo que has aprendido en él.

Cada vez que compartes tu propósito con alguien, o que le preguntas a alguien qué es lo que da sentido al propósito, creas un círculo generador de propósitos en tu vida.

EL FINAL ES EL NUEVO INICIO

Como sucedía en el caso del viaje del héroe, me gusta pensar que el final de cada libro es una llamada para un nuevo inicio. Cada viaje nos hace cerrar el círculo, retrotrayendo nuestra mirada para comprobar el largo camino recorrido y para preguntarnos qué será lo próximo. Para concluir *Cómo limpiar tu basura emocional*, he aquí una breve oración que puedes utilizar en tu camino:

Que encuentre fuerzas cada día.
Que sea yo mismo quien pone en marcha mi propio ascensor.
Que abra mi corazón y mi mente a los demás,
concediéndome la oportunidad de escuchar la música de todas las tribus.
Que encuentre paz duradera
y alivio del sufrimiento y de las cargas de toda clase.
Y que asista de modo compasivo a todos los seres
en la senda de la fidelidad a este momento, libre de lastre,
mientras vivo con propósito, sencillez y alegría.

AGRADECIMIENTOS

DESEO hacer extensiva mi más profunda gratitud a todas aquellas personas dedicadas a compartir con los demás enseñanzas de paz y atención plena. Mi agradecimiento a mi último maestro, el venerable U Silananda, quien durante muchos años me guió en el camino de la *mindfulness*; a Ashin Thitzana, amigo espiritual y hermano monje, que inspira a muchos con su conocimiento y su dedicación; a U Thondara y a los monjes y a la comunidad del Monasterio Budista de Birmania (primer templo budista birmano fundado en Estados Unidos); a Randy Fitzgerald, amigo y escritor de talento, cuyo entusiasmo y cuya generosa aportación de ideas siempre plantaron semillas de esperanza y optimismo; a Greg Crosby, Jeff Horacek, Heather Nielsen, John Barnes y otros amigos, que me ofrecieron útiles sugerencias y compartieron sus ideas durante la fase de gestación de este libro; a los antiguos y actuales miembros del consejo de The Center for Mindful Eating, por saber atenuar el sufrimiento mediante conciencia luminosa en el ámbito de la comida y la alimentación; a Georgia Hughes, directora editorial, que aportó numerosas y maravillosas ideas y que, con voluntad y paciencia, recorrió el viaje de descubrimiento mientras desarrollábamos este libro; y a la familia de la editorial New World Library —Kristen Cashman, Munro Magruder, Kim Corbin, Ami Parkerson, Tona Pearce Myers, el corrector *freelance* Jeff Campbell y al resto de integrantes— por poner a disposición del proyecto sus conocimientos, su dedicación y su experiencia. Estos agradecimientos no estarían completos sin mencionar al editor Marc Allen, siempre fiel a su idea de trabajar en «libros que cambian vidas».

Mi más sincera gratitud a los amigos, colegas, guías, pacientes, conocidos y estudiantes que se han unido a mí a lo largo del camino del despertar. Me siento particularmente en deuda con mi padre, Norman, y en especial con mi madre, Barbara, quienes siempre me han animado con palabras de aliento y que continúan apoyando mis intereses creativos.

Por último, deseo hacer extensivo mi agradecimiento a Maria Brignola, BCDMT, NCC, terapeuta y profesora de danza/movimiento, por sus ideas y sus valiosas aportaciones. Maria, gracias por compartir conmigo alegría, luz, amor y significado. Eres mi Princesa Monk y *Bak'u del cuore*.

NOTAS

INTRODUCCIÓN

Nota 1, «*Don't own so much clutter*»: Wendell Berry, *Farming: A Hand Book* (Berkeley, CA: Counterpoint Press, 2011), 67.

Nota 2, Estudio publicado en la revista *Science* por los investigadores de Harvard Matthew Killingsworth y Daniel Gilbert, «A Wandering Mind Is an Unhappy Mind», *Science 330*, n°. 6006 (2010): 932.

Nota 3, «Como escribió una vez el cantautor Leonard Cohen», «*Well, my friends*»: Leonard Cohen, «*Tower of song*», http://lyrics.wikia.com/wiki/Leonard_Cohen:Tower_Of_Song (consultada el 13 de Julio de 2015).

CAPÍTULO 1:
BÁJATE DEL ASCENSOR EMOCIONAL

Nota 1, «*Help me to love a slow progression*»: Gunilla Norris, *Being Home: Discovering the Spiritual in the Everyday* (HiddenSpring Books, Mahwah, NJ, 1991), 16.

Nota 2, «De hecho, un estudio llevado a cabo por psicólogos de la Universidad de Virginia»: Timothy Wilson, et al., «*Just Think: The Challenges of the Disengaged Mind*», *Science* 345, n°. 6192 (2014): 75–77.

Nota 3, «Para comprobar la capacidad que tiene nuestra mente de darnos un susto de muerte, los investigadores realizaron pruebas»*:* Adam Radomsky, et al., «*You Can Run but You Can't Hide: Intrusive Thoughts on Six Continent*» *Journal of Obsessive-Compulsive and Related Disorders* 3, n°. 3 (2014): 269–79.

Nota 4, «Tuve una experiencia en mi juventud»: Paul Harrison, entrevista telefónica, 11 de abril de 2015.

CAPÍTULO 2:
TU FACEBOOK INTERIOR

Nota 1, «*What if you could erase everybody's memory*»: John Nelson, *Matrix of the Gods* (Hampton Roads Publishing Company, Norfolk, VA, 1994), 9–10.

Nota 2, «En uno de los mayores estudios de este tipo llevados a cabo en el Reino Unido», Peter Kinderman, et al., «*Psychological Processes Mediate the Impact of Familial Risk, SocialCircumstances and Life Events on Mental Health*», *PLoS ONE* 8, n°. 10 (octubre de 2013).

Nota 3, «el profesor Peter Kinderman, investigador director del estudio llevado a cabo en el Reino Unido en 2013»: «*Dwelling on Negative Events Biggest Cause of Stress*», University of Liverpool, 17 de octubre de 2013, http://news.liv.ac.uk/2013/10/17/dwelling-on-negative-events-biggest-cause-of-stress/ (consultada el 10 de diciembre de 2014).

Nota 4, «Dr. Jeffrey Schwartz, autor de *Brain Lock*, ha sido pionero en el campo de la neuroplasticidad»:Jeffrey Schwartz, *Brain Lock* (Harper Perennial, Nueva York, 1996).

Nota 5, «J. David Creswell publicó un estudio en *Psychosomatic Medicine* que»: J. David Creswell, et al., «Neural Correlates of Dispositional Mindfulness During Affect Labeling», *Psychosomatic Medicine* 69, n.° 6 (2007): 560–65.

CAPÍTULO 3:
CULTIVA UN HERMOSO JARDÍN DEL PENSAMIENTO

Nota 1, «*The flowers of positive experiences crowd out*»: Rick Hanson, *Hardwiring Happiness: The New Brain Science of Contentment, Calm, and Confidence* (Harmony Books, Nueva York, 2013), 125.

Nota 2, *Buddhist teacher Lama Surya Das, a true wise guy.* Lama Surya Das, *Words of Wisdom* (Koa Books, Kihei, HI, 2008), 30.

CAPÍTULO 4:
LA PAZ DE LA ACEPTACIÓN

Nota 1, «*We can rent our grievances the master bedroom*»: Fred Luskin, *Forgive for Good* (HarperOne, Nueva York, 2003), 8.

Nota 2, En *Think on These Things*, «Krishnamurti, maestro y autor de reconocido prestigio mundial»: Jiddu Krishnamurti, *Think on These Things* (Nueva York, HarperOne, 1964/1989), 123.

Nota 3, Estudio publicado en 2010 en la *American Journal of Psychiatry.* Martin Teicher, et. al., «*Hurtful Words: Association of Exposure to Peer Verbal Abuse With Elevated Psychiatric Symptom Scores and Corpus Callosum Abnormalities*», *American Journal of Psychiatry* 167, n.º 12 (Diciembre, 2010): 1464–71.

CAPÍTULO 5:
CÉNTRATE EN LA RESPIRACIÓN Y EN TU CUERPO

Nota 1, «*You see, consciousness thinks it's running the shop*»: Joseph Campbell, con Bill Moyers, *The Power of Myth* (Anchor Books, Nueva York, 1991), 181.

Nota 2, «Un estudio publicado en la revista *Cognitive Therapy and Research Journal* llegó a la conclusion»: Jan M. Burg y Johannes Michalak, «*The Healthy Quality of Mindful Breathing: Associations With Rumination and Depression*», *Cognitive Therapy and Research Journal* 35, n.º 2 (Abril, 2011): 179–85.

Nota 3, «Al mismo tiempo, un estudio publicado en *Clinical Psychological Science* puso de manifiesto»:Elissa Epel, et al., «*Wandering Minds and Aging Cells*», *Clinical PsychologicalScience* 1, n.º 1 (2013): 75–83.

Nota 4, «Además estarás siguiendo el consejo de Henry David Thoreau»: Henry DavidThoreau, www.goodreads.com/quotes/50588-you-must-live-in-the-present-launch-yourself-on-every (accessed December 27, 2014).

CAPÍTULO 6:
LIMPIEZA DE LA BASURA EMOCIONAL FAMILIAR

Nota 1, «*To survive the time in the woods, your old*»: Julie Tallard Johnson, *Wheel of Initiation: Practices for Releasing Your Inner Light* (Bear & Company, Rochester, VT, 2010), 2–3.

Nota 2, «En la epigenética podría residir la clave para hacer realidad el sabio consejo de Einstein»: Albert Einstein, www.goodreads.com/quotes/4464-peace-cannot-be-kept-by-force-it-can-only-be (consultada el 25 enero de 2015).

Nota 3, «Un estudio llevado a cabo en la Universidad de Duke, Estados Unidos, por el científico Randy Jirtle»: Randy Jirtle and Michael Skinner, «*Environmental Epigenomics and Disease Susceptibility*», Nature Reviews Genetics 8 (Abrol, 2007): 253–62.

Nota 4, «En *The Science of the Art of Psychotherapy*, Allan Schore, investigador del desarrollo en los niños»: Allan Schore, *The Science of the Art of Psychotherapy* (W. W. Norton& Company, Nueva York, 2012), 441.

Nota 5, «*Do not look for bad company*»: Thomas Byrom, trans., *Dhammapada: The Sayings of the Buddha* (Shambhala, Boston, 1976/1993), 23.

CAPÍTULO 7:
REFLEXIONES SOBRE COMUNICACIÓN COMPASIVA

Nota 1, «*Compassion, in Tibetan terms, is a spontaneous feeling*»: Yongey Mingyur Rinpoche, *The Joy of Living: Unlocking the Secret and Science of Happiness* (Three Rivers Press, Nueva York, 2007), 105.

Nota 2, «relato escrito en 1885 por el novelista ruso León Tolstoi llamado *Las tres preguntas*»: Leo Tolstoy, *What Men Live By and Other Tales* (1918; repr., Wildside Press, Rockville, MD, 2009).

Nota 3, «*En Attachment in Adulthood*, los investigadores Mario Mikulincer y Phillip Shaver: Mario Mikulincer and Phillip Shaver, *Attachment in Adulthood: Structure, Dynamics, and Change* (Guilford Press, Nueva York, 2010).

Nota 4, «Un estudio publicado en la revista *Journal of Personality and Social Psychology*»:Mario Mikulincer, et al., «*Attachment, Caregiving, and Altruism: Boosting Attachment Security Increases Compassion and Helping*», Journal of Personality and Social Psychology 89, n.º 5 (2005): 817-39.

CAPÍTULO 8:
SEMBRANDO SEMILLAS DE AMISTAD

Nota 1, «*Remember, the path is never as arduous as it looks*»: Frank Coppieters, *Handbook for the Evolving Heart* (CONFLU:X Press, Marina del Rey, CA, 2006), 145.

Nota 2, «Un extenso metanálisis revisó 148 estudios distintos»: J. Holt-Lunstad, et al., "Social Relationships and Mortality Risk: A Meta-analytic Review," *Public Library of Science Medicine 7*, n.º 7 (2010).

Nota 3, «Un estudio llevado a cabo en Australia y publicado en la revista»: Lynne Giles, et al.,«*Effect of Social Networks on 10 Years Survival in Very Old Australians: The Australian Longitudinal Study of Aging*», *Journal of Epidemiology and Community Health 59* (2005): 574–79.

Nota 4, «En el primer estudio realizado para investigar la manera en la que emociones como la felicidad»: James H. Fowlerand Nicholas A. Christakis, «*The Dynamic Spread of Happiness in a Large Social Network: Longitudinal Analysis Over 20 Years in the FraminghamHeart Study*» *British Medical Journal 337*, n.º a2338 (2008): 1–9.

Nota 5, «Como nos recuerda el sabio poeta Rumi»: Rumi, www.goodreads.com/quotes/20338-people-want-you-to-be-happy-don-t-keep-serving-them (consultada el 5 de noviembre de 2014).

CAPÍTULO 9:
POR EL PLACER DE ESCUCHAR

Nota 1, «*You can talk and talk, but the longer you talk*»: Glenn Clark, *The Man Who Talks with the Flowers: The Intimate Life Story of Dr. George Washington Carver* (Macalester Park Publishing, Shakopee, MN, 1939/1994), 45.

Nota 2, «Publicado en *Proceedings of the National Academy of Sciences*»: Diana I. Tamir and Jason P. Mitchell, «*Disclosing Information About the Self Is Intrinsically Rewarding*», *Proceedings of the National Academy of Sciences of the United States of America 109*, n.º 21 (Mayo, 2012): 8038-43.

Nota 3, «*If you want to become full, let yourself be empty*»: Lao Tzu, *Tao Te Ching*, trans. Stephen Mitchell (Harper Perennial, Nueva York, 1990), 86-88.

CAPÍTULO 10:
AMPLÍA TU TRIBU

Nota 1, «*A human being is a part of the whole, called by us*»: Albert Einstein, https://en.wikiquote.org/wiki/Albert_Einstein (consultada el 12 de octubre de 2014).

Nota 2, «*See yourself in others. Then whom can you hurt?*»: Byrom, *Dhammapada*, 36.

Nota 3, «A la gente le cuesta»: David Bohm, *On Dialogue* (Routledge Classics, Londres, 1996/2004), 8-9.

Nota 4, «Un estudio publicado en *Psychological Science* llegaba a la conclusión»: Isaac Smith, et al., «*The Moral Ties That Bind...Even to Out-Groups: The Interactive Effect of Moral Identity and the Binding Moral Foundations*», *Psychological Science* 25, n.º 8 (Junio, 2014): 1554-62.

Nota 5, «Si eres poeta, verás con claridad que hay»: Thich Nhat Hanh, *The Heart of Understanding: Commentaries on the Prajnaparamita Heart Sutra* (Parallax Press, Berkeley, CA, 1988/2009), 3-4.

CAPÍTULO 11:
CAMBIA EL CANAL DE DISTRACCIÓN
PARA ENCONTRAR CLARIDAD

Nota 1, «*A child born today is practically never away from the*»: Robert Johnson and Jerry Ruhl, Contentment: A Way to True Happiness (Harper-Collins, Nueva York, 1999), 104-5.

Nota 2, «Cuando la persona juega», explicaba Schull en una entrevista: Alice Robb, «*Why Are Slot Machines so Addictive?*» *New Republic*, 5 de diciembre de 2013, www.newrepublic.com/article/115838/gambling-addiction-why-are-slot-machines-so-addictive (consultada el 28 de noviembre de 2014).

Nota 3, «Este último grupo de trabajo encontró que la exposición generalizada»: American Psychological Association, «*Report of the APA Taskforce on the Sexualizationof Girls*», www.apa.org/pi/women/programs/girls/report-full.pdf (consultada el 23 de enero de 2015).

Nota 4, «En *Cerebro y mindfulness*, el psiquiatra Daniel Siegel dice»: Daniel Siegel, *The Mindful Brain* (W. W. Norton & Company, Nueva York, 2007), 177.

Nota 5, «El autor Deepak Chopra definía la intención de esta manera»: Deepak Chopra, *The Spontaneous Fulfillment of Desire: Harnessing the Infinite Power of Coincidence* (Harmony, Nueva York, 2004), 209.

Nota 6, «El investigador del cerebro Benjamin Libet, autor de *Mind Time*, estudió esta capacidad»: Benjamin Libet, *Mind Time: The Temporal*

Factor in Consciousness (Harvard University Press, Cambridge, MA, 2005), 141.

CAPÍTULO 12:
VACÚNATE CONTRA LA «AFLUENZA»

Nota 1, «*Wisps of steam rise from the kettle*»: Soshitsu Sen XV, *Tea Life, Tea Mind* (Weatherhill, Nueva York, 1995), 29.

Nota 2, «En su libro *Afluenza*, los autores John de Graaf, David Wann y Thomas Naylor»: *The All-Consuming Epidemic* (Berrett-Koehler Publishers, San Francisco, 2005), 2.

Nota 3, «La Madre Teresa de Calcuta hablaba de un modo elocuente sobre esta cuestión en su poema *Gotas de amor*»: Mother Teresa, JourneyofHearts.org, www.journeyofhearts.org/kirstimd/saint.htm (consultada el 9 de diciembre de 2014).

Nota 4, «Un estudio publicado en *Psycohological Science* con el título *A "Present" for the Future*»:Ting Zhang, et al., «*A "Present" for the Future: The Unexpected Value of Rediscovery*», *Psychological Science* (agosto de 2014), doi: 0.1177/0956797614542274.

CAPÍTULO 13:
PON FRENO AL TRABAJO Y A LA VELOCIDAD

Nota 1, «Su investigación, publicada en el *Journal of Cross-Cultural Psychology*»: Robert Levine and Ara Norenzayan, «*The Pace of Life in 31 Countries*», *Journal of Cross-Cultural Psychology* 30, n.º 2 (Marzo de 1999): 178-205.

Nota 2, «*The path of freedom does not lead*: Inayat Khan, *The Gayan: Notes from the Unstruck Music* (Message Publications, Tucson, 1985), 78.

Nota 3, «*The mother doesn't simply let the child*»: Ajahn Amaro, *Finding the Missing Peace* (Amaravati Publications, United Kingdom, 2011), 96.

Nota 4, «el escritor John O'Donohue, que escribió: "Tu cuerpo es el único hogar"»: John O'Donohue, *Anam Cara: A Book of Celtic Wisdom* (HarperCollins, Nueva York, 1998).

CAPÍTULO 14:
LA ESPERANZA COMO FUERZA NATURAL LIMPIADORA

Nota 1, «Negativity is totally unnatural. It is a psychic pollutant»: Eckhart Tolle, *The Power of Now: A Guide to Spiritual Enlightenment* (New World Library, Novato, CA, 1999/2004), 189.

Nota 2, «La esperanza es la virtud inherente al ser vivo más antigua e indispensable»: Erik Erikson, www.goodreads.com/quotes/193624-hope-is-both-the-earliest-and-the-most-indispensable-virtue (consultada el 9 de septiembre de 2015).

Nota 3, «Un estudio publicado en la revista *Computers in Human Behavior*»: Yalda Uhls, et al., «*Five Days at Outdoor Education Camp Without Screens Improves Preteen Skills with Nonverbal Emotion Cues*», *Computers in Human Behavior* 39 (Octubre 2014): 387-92.

CAPÍTULO 15:
FLEXIBILIDAD Y SERENIDAD EN TU DÍA A DÍA

Nota 1, «*Use the Teflon side of your mind*»: Surya Das, *Words of Wisdom*, 79.

Nota 2, «Cuando tenía ocho años, me dieron una escopeta y me llevaron a cazar»": Randy Fitzgerald, entrevista telefónica del 11 de junio de 2015.

Nota 3, «En *Mindfulness*, Langer llegó a la conclusión de que "Los ciclos regulares e "irreversibles" de envejecimiento: Ellen Langer, *Mindfulness* (Da Capo Press, Boston, 1989), 112-13.

Nota 4, «Un estudio publicado en la revista *Proceedings of the National Academy of Sciences*»: Melissa Rosenkranz, et al., «*Affective Style and In Vivo Immune Response: Neurobehavioral Mechanisms*», *Proceedings of the National Academy of Sciences of the United States* 100, n.º 19 (Septiembre 2003), doi: 10.1073/pnas.1534743100:11148–52.

Nota 5, «Richard Davidson, uno de los investigadores del estudio, llegó a la conclusión»: Emily Carlson,«*Study Shows Brain Activity Influences Immune Function*» *Eureka Alert!*,1 de septiembre de 2003, www.eurekalert.org/pub_releases/2003-09/uow-ssb082903.php (consultada el 27 de diciembre de 2014).

Nota 6, He wrote, «Si afirmas "estoy bien", pero en el fondo de tu mente piensas»: Paramahansa Yogananda, *Scientific Healing Affirmations* (SRF Publications, California, 1990), 15.

Capítulo 16:
DESPIERTA YA TU CORAZÓN COMPASIVO

Nota 1, «*The best and most beautiful things in the world*»: Helen Keller, www.qotd.org/search/search.html?aid=%202855&page=4 (consultada el 15 de diciembre de 2014).

Nota 2, «En *Just one thing*, el neuropsicólogo Rick Hanson escribía»: "El cerebro": Rick Hanson, *Just One Thing: Developing a Buddha Brain One Simple Practice at a Time* (New Harbinger Publications, Oakland, CA, 2011), 217.

Nota 3, «El débil nunca puede perdonar»: Mahatma Gandhi, www.brainyquote.com/quotes/quotes/m/mahatmagan121411.html (accessed January 28, 2015).

Nota 4, «Un estudio publicado en el *Journal of Personality and Social Psychology*»: Barbara Fredrickson, et al., «*Open Hearts Build Lives: Positive Emotions, Induced Through Loving-Kindness Meditation, Build Consequential Personal Resources*» *Journal of Personality and Social Psychology* 95, n.º 5 (November 2008): 1045-62.

Nota 5, «En otro estudio, un equipo de investigadores del Duke University Medical Center»: James Carson, et. al., «*Loving-Kindness Meditation for Chronic Low Back Pain: Results from a Pilot Trial*», *Journal of Holistic Nursing* 23, n.º 3 (September 2005): 287-304.

Capítulo 17:
FIDELIDAD AL MOMENTO

Nota 1, «*To be truly alive is to feel one's ultimate existence*»: Christian Wiman, *My Bright Abyss: Meditation of a Modern Believer* (Farrar, Straus, and Giroux, Nueva York, 2014), 92.

Nota 2, «los autores Robert Johnson y Jerry Ruhl consideran que la conversión conlleva un voto de fidelidad»: Johnson and Ruhl, *Contentment*, 85.

Nota 3, «Desde el punto de vista psicológico, puede decirse que a los amish les va razonablemente bien»: Robert Biswas-Diener, «*4 Ways to Start Simplifying Your Life*», *Psychology Today*, 20 de agosto de 2014, www.psychologytoday.com/blog/significant-results/201408/4-ways-start-simplifying-your-life.

CAPÍTULO 18:
CONVIÉRTETE EN UN MAESTRO EN DESHACER NUDOS EMOCIONALES

Nota 1, «*If you want to untie a knot, you must first find*»: Lama Govinda, *The Lost Teachings of Lama Govinda: Living Wisdom from a Modern Tibetan Master*, ed. Richard Power (Quest Books, Wheaton, IL, 2007), 85.

Nota 2, «Como afirma el maestro zen Bernie Glassman en su libro *The Dude and the Zen Master*»: JeffBridges y Bernie Glassman, *The Dude and The Zen Master* (Blue Rider Press, Nueva York, 2012), 222.

Nota 3, «Un estudio publicado en la revista *Appetite* analizó el fenómeno del deseo compulsivo de comer»: H. J. Alberts, et al., «*Coping with Food Cravings: Investigating the Potential of a Mindfulness-Based Intervention*», *Appetite 55*, n.º 1 (agosto 2010): 160-63.

CAPÍTULO 19:
TOMA DOSIS DIARIAS DE ALEGRÍA

Nota 1, «Be content with what you have, rejoice in the way things are»: Diane Durston, Wabi Sabi: *The Art of Everyday Life* (Storey Publishing, North Adams, MA, 2006), 113.

Nota 2, «Un estudio, publicado en la revista *Alternative Therapies in Health and Medicine*»: Mary Bennett, et al., «*The Effect of Mirthful Laughter on Stress and Natural KillerCell Activity*», *Alternative Therapies in Health and Medicine 9*, n.º 2 (2003): 38-45.

Nota 3, «*It is the history of our kindnesses that alone*»: Kay Redfield Jamison, *An Unquiet Mind* (Vintage Books, Nueva York, 1995), 146.

Nota 4, «*Enjoy, enjoy, for life is given to us, only*»: Richard Kirsten Daiensai, *Smile:365 Happy Meditations* (Londres, MQ Publications, 2004), 201.

Nota 5, «*I believe that a simple and unassuming manner of life*»: Durston, *Wabi Sabi*,115.

Nota 6, «*Have nothing in your house that you do not know*»: Durston, *Wabi Sabi*, 112.

Nota 7, «*The world is mud-luscious and puddle-wonderful*»: Durston, *Wabi Sabi*, 212.

CAPÍTULO 20:
AHORA ES EL MEJOR MOMENTO PARA CONECTAR
CON TU PROPÓSITO

Nota 1, «*The secret of success is constancy to purpose*»: John Baldoni, *Lead with Purpose: Giving Your Organization a Reason to Believe in Itself* (Amacom, Nueva York, 2012), 122.

Nota 2, «puede ser adecuado seguir la filosofía de Nelson Mandela, quien en su día escribiera»: Baldoni, *Lead with Purpose*, 25.

Nota 3, «Todo el sufrimiento del mundo surge de»: Shantideva, www.meditation-research.org.uk/well-being/ (consultada el 28 de enero de 2015).

Nota 4, «Un estudio publicado en la revista *Journal of Gerontology: Medical Sciences*»: Michelle Carlson, et al., «*Evidence for Neurocognitive Plasticity in At-Risk Older Adults: The Experience Corps Program*», *Journal of Gerontology: Medical Sciences 64*, n.º 12 (Diciembre, 2009): 1275-82.

Nota 5, «William Morgan, investigador sobre los efectos del ejercicio, se preguntó»:William Morgan, «*Prescription of Physical Activity: A Paradigm Shift*», *Quest 53*, n.º 3 (2001): 366-82.

BIBLIOGRAFÍA

ALTMAN, Donald: *101 Mindful Ways to Build Resilience: Tools for Calm, Clarity, Optimism, and Happiness,* Eau Claire, WI: PESI Publishing and Media, 2015.

—: *Art of the Inner Meal: The Power of Mindful Practices to Heal Our Food Cravings,* Moon Lake Media, Portland, OR, 2002.

—: *The Joy Compass: 8 Ways to Find Lasting Happiness, Gratitude and Optimism in the Present Moment,* New Harbinger Publications, Oakland, CA, 2012.

—: *Living Kindness: The Buddha's Ten Guiding Principles for a Blessed Life,* Moon Lake Media, Portland, OR, 2003.

—: *Meal by Meal: 365 Daily Meditations for Finding Balance with Mindful Eating,* New World Library, Novato, CA, 2004.

—: *The Mindfulness Code: Keys for Overcoming Stress, Anxiety, Fear, and Unhappiness,* New World Library, Novato, CA, 2010.

—: *The Mindfulness Toolbox: 50 Practical Tips, Tools, & Handouts for Anxiety, Depression, Pain, and Stress,* PESI Publishing and Media, Eau Claire, WI, 2014.

—: *One-Minute Mindfulness: 50 Simple Ways to Find Peace, Clarity, and New Possibilities in a Stressed-Out World,* New World Library, Novato, CA, 2011.

AMARO, Ajahn: *Finding the Missing Peace,* Amaravati Publications, United Kingdom, 2011.

ARDEN, John: *Brain2Brain: Enacting Client Change Through the Persuasive Power of Neuroscience,* John Wiley & Sons, Hoboken, NJ, 2015.

—: *Rewire Your Brain: Think Your Way to a Better Life,* John Wiley & Sons, Hoboken, NJ, 2010.

BALDONI, John: *Great Communication Secrets of Great Leaders*, McGraw-Hill, Nueva York, 2003.

—: *Lead by Example: 50 Ways Great Leaders Inspire Results*, Amacom, Nueva York, 2009.

—: *Lead with Purpose: Giving Your Organization a Reason to Believe in Itself*, Amacom, Nueva York, 2012.

—: *MOXIE: The Secret to Bold and Gutsy Leadership*, Bibliomotion, Brookline, MA, 2014.

BEATTIE, Melody: *Gratitude: Affirming the Good Things in Life*, Ballantine, Nueva York, 1992.

BISWAS-DIENER, Robert, y KASHDAN, Todd: *The Upside of Your Dark Side: Why Being Your Whole Self – Not Just Your "Good" Self – Drives Success and Fulfillment*, Hudson Street Press, Nueva York, 2014.

BOHM, David: *On Dialogue*, Routledge, Londres y Nueva York, 1996.

BRIDGES, Jeff, y GLASSMAN, Bernie: *The Dude and the Zen Master*, Blue Rider Press, Nueva York, 2012.

BUBER, Martin: *I and Thou*, Scribner, Nueva York, 1970.

BYROM, Thomas, trans., *Dhammapada: The Sayings of the Buddha*. Shambhala, Boston, 1993.

CAMPBELL, Joseph, y MOYERS, Bill: *The Power of Myth*, Anchor Books, Nueva York, 1991.

CHODRON, Pema. *Start Where You Are: A Guide to Compassionate Living*, Shambhala, Boston, 1994/2004.

CHOPRA, Deepak: *The Spontaneous Fulfillment of Desire: Harnessing the Infinite Power of Coincidence*, Three Rivers Press, Nueva York, 2003.

CHURCH, Dawson: *The Genie in Your Genes: Epigenetic Medicine and the New Biology of Intention*, Elite Books, Fulton, CA, 2009.

CLARK, Glenn: *The Man Who Talks with the Flowers: The Life Story of Dr. George Washington Carver*, Macalester Park Publishing, St. Paul, MN, 1994.

CLEMENT, Brian: *LifeForce: Superior Health and Longevity*, Healthy Living Publications, Summertown, TN, 2007.

COPPIETERS, Frank: *Handbook for the Evolving Heart,* CONFLU:X Press, Marina del Rey, CA, 2006.

DAVIDSON, Richard, y BEGLEY, Sharon: *The Emotional Life of Your Brain,* Plume, Nueva York, 2012.

DE GRAAF, John; WANN, David, y Naylor, Thomas: *Affluenza: The All-Consuming Epidemic,* Berrett-Koehler Publishers, San Francisco, 2005.

DE MELLO, Anthony: *Awareness: The Perils and Opportunities of Reality,* Image Books, Nueva York, 1992.

DURSTON, Diane: *Wabi Sabi: The Art of Everyday Life,* Storey Publishing, North Adams, MA, 2006.

EASWARAN, Eknath: *The Mantram Handbook: Formulas for Transformation,* Nilgiri Press, Petaluma, CA, 1977.

FRANKL, Viktor: *Man's Search for Meaning,* Beacon Press, Boston, 2006.

GANDHI, Mahatma: *The Way to God: Selected Writings from Mahatma Gandhi.* Edited by M. S. Deshpande. North Atlantic Books, Berkeley, CA, 2009.

GARGIULO, Terrence: *Once Upon a Time: Using Story-Based Activities to Develop Breakthrough Communication Skills,* Pfeiffer, San Francisco, 2007.

GOVINDA, Lama: *The Lost Teachings of Lama Govinda: Living Wisdom from a Modern Tibetan Master,* editado por Richard Power, Quest Books, Wheaton, IL, 2007.

GUNARATANA, Bhante Henepola: *Eight Mindful Steps to Happiness: Walking the Buddha's Path,* Wisdom Publications, Somerville, MA, 2001.

HANSON, Rick: *Buddha's Brain: The Practical Neuroscience of Happiness, Love & Wisdom,* New Harbinger, Oakland, CA, 2009.

—: *Hardwiring Happiness: The New Brain Science of Contentment, Calm, and Confidence,* Harmony Books, Nueva York, 2013.

—: *Just One Thing: Developing a Buddha Brain One Simple Practice at a Time,* New Harbinger, Oakland, CA, 2011.

JOHNSON, Robert, y RUHL, Jerry: *Contentment: A Way to True Happiness,* HarperCollins, Nueva York, 1999.

KEATING, Thomas; *Open Mind, Open Heart: The Contemplative Dimension of the Gospel,* Continuum, Nueva York, 1997.

KHAN, Inayat: *Notes from the Unstruck Music from the Gayan of Inayat Khan,* Message Publications, Tucson, AZ, 1985.

KIRSTEN DAIENSAI, Richard: *Smile: 365 Happy Meditations,* MQ Publications, Londres, 2004.

KRISHNAMURTI, Jiddu: *Think on These Things,* Harper One, Nueva York, 1989.

LANGER, Ellen: *Mindfulness,* Da Capo, Boston, 1989.

LAO TZU: *Tao Te Ching,* Translated by Stephen Mitchell, Harper Perennial, Nueva York, 1990.

LIBET, Benjamin: *Mind Time: The Temporal Factor in Consciousness,* Harvard University Press, Cambridge, MA, 2005.

LIND-KYLE, Patt: *Heal Your Mind, Rewire Your Brain: Applying the Exciting New Science of Brain Synchrony for Creativity, Peace, and Presence,* Energy Psychology Press, Santa Rosa, CA, 2009.

LINLEY, Alex; WILLARS, Janet, y BISWAS-DIENER, Robert: *The Strengths Book: Be Confident, Be Successful, and Enjoy Better Relationships by Realising the Best of You,* CAPP Press, Coventry, UK, 2010.

LUSKIN, Fred: *Forgive for Good,* HarperOne, Nueva York, 2003.

MAHASI, Sayadaw: *Fundamentals of Vipassana Meditation,* Dhammachakka Meditation Center, Berkeley, CA, 1991.

MAITREYA, Ananda, trans. *The Dhammapada,* Parallax Press, Berkeley, CA, 1995.

MEHL-MADRONA, Lewis: *Healing the Mind through the Power of Story: The Promise of Narrative Psychiatry,* Bear & Company, Rochester, VT, 2010.

MIKULINCER, Mario, y SHAVER, Phillip: *Attachment in Adulthood: Structure, Dynamics, and Change,* Guilford Press, Nueva York, 2010.

NHAT HANH, Thich: *The Heart of Understanding: Commentaries on the Prajnaparamita Heart Sutra,* Parallax Press, Berkeley, CA, 2009.

—: *The Miracle of Mindfulness: An Introduction to the Practice of Meditation*, Beacon, Boston, 1987.

O'CONNOR, Richard: *Undoing Perpetual Stress: The Missing Connection Between Depression, Anxiety, and 21st Century Illness*, Berkley Trade, Nueva York, 2006.

O'DONOHUE, John: *Eternal Echoes: Celtic Reflections on Our Yearning to Belong*, Harper Perennial, Nueva York, 2000.

—: *Beauty: The Invisible Embrace*, Harper Perennial, Nueva York, 2005.

OGBURN, William Fielding: *Social Change with Respect to Culture and Original Nature*, Cornell University Library, Ithaca, NY, 1922/2009.

RATEY, John, y HAGERMAN, Eric: *Spark: The Revolutionary New Science of Exercise and the Brain*, Little and Brown Company, Nueva York, 2008.

SALZBERG, Sharon: *Lovingkindness: The Revolutionary Art of Happiness*, Shambhala, Boston, 1995.

SCHORE, Allan: *The Science of the Art of Psychotherapy*, W. W. Norton & Company, Nueva York, 2012.

SCHWARTZ, Jeffrey, y BEGLEY, Sharon: *The Mind and The Brain: Neuroplasticity and the Power of Mental Force*, Regan Books, Nueva York, 2002.

SCHWARTZ, Jeffrey, y GLADDING, Rebecca: *You Are Not Your Brain: The 4-Step Solution for Changing Bad Habits, Ending Unhealthy Thinking, and Taking Control of Your Life*, Avery, Nueva York, 2011.

SELIGMAN, Martin: *Learned Optimism: How to Change Your Mind and Your Life*, Pocket Books, Nueva York, 2006.

SIEGEL, Dan: *The Mindful Brain*, W. W. Norton & Company, Nueva York, 2007.

SILANANDA, Sayadaw U.: *The Four Foundations of Mindfulness*, Wisdom Publications, Somerville, MA, 1990.

SOMOV, Pavel: *The Lotus Effect: Shedding Suffering and Rediscovering Your Essential Self*, New Harbinger Publications, Oakland, CA, 2010.

SOSHITSU SEN XV: *Tea Life, Tea Mind,* Weatherhill, Nueva York, 1995.

STAFFORD, Kim: *100 Tricks Every Boy Can Do,* Trinity University Press, San Antonio, TX, 2012.

STEVENSON, Robert Louis: *The Letters of Robert Louis Stevenson,* 2 vols., Echo Library, Fairford, UK, 2006.

SURYA DAS, Lama: *Awakening the Buddha Within: Tibetan Wisdom for the Western World,* Broadway Books, Nueva York, 1997.

—: *Buddha Standard Time: Awakening to the Infinite Possibilities of Now,* HarperOne, Nueva York, 2011.

—: *Words of Wisdom,* Koa Books, Kihei, HI, 2008.

SUZUKI, Shunryu: *Zen Mind, Beginner's Mind,* editado por Trudy Dixon, Shambhala, Boston, 2010.

TALLARD JOHNSON, Julie: *Wheel of Initiation: Practices for Releasing Your Inner Light,* Bear & Company, Rochester, VT, 2010.

TOLLE, Eckhart: *The Power of Now: A Guide to Spiritual Enlightenment,* New World Library, Novato, CA, 2004.

WIMAN, Christian: *My Bright Abyss: Meditation of a Modern Believer,* Farrar, Straus, and Giroux, Nueva York, 2014.

YOGANANDA, Paramahansa: *Scientific Healing Affirmations,* SRF Publications, California, 1990.

YONGEY, Mingyur Rinpoche: *The Joy of Living: Unlocking the Secret and Science of Happiness,* Three Rivers Press, Nueva York, 2007.

Sobre el Autor

Donald Altman, MA, LPC, es psicoterapeuta y escritor con varios premios en su haber y fue monje budista. Ha sido vicepresidente de The Center for Mindful Eating y forma parte de la junta asesora de la organización. En la actualidad es profesor adjunto en el Programa de Neurobiología Interpersonal de la Portland State University y también ha dado clases en la Lewis and Clark College Graduate School of Counseling and Education.

Donald Altman dirige cursos en todo el mundo sobre cómo vivir y comer aplicando la Atención Plena y ha formado a miles de terapeutas en salud mental y a profesionales sanitarios sobre el uso de *mindfulness* como herramienta para abordar la depresión, la ansiedad, el dolor y el estrés. En Estados Unidos es un reconocido *coach* de *mindfulness*, por el modo en el que integra las herramientas de *mindfulness* atemporal, neurociencia y valores espirituales en la vida moderna. Aprendió con el venerable maestro T Silananda, autor de *The Four Foundations of Mindfulness*, en un monasterio budista ubicado cerca de las montañas de San Bernardino, en el sur de California. Es miembro de la Asociación del Monasterio Budista de Birmania.

Autor prolífico cuya carrera abarca más de treinta años, Donald Altman ha escrito numerosos libros, entre ellos *The Mindfulness Toolbox*, que en 2015 ganó en Estados Unidos dos premios nacionales Benjamin Franklin al mejor libro en las categorías de psicología y cuerpo, mente y espíritu, y *The Mindfulness Code*, que la revista *Spirituality & Health* seleccionó como «uno de los mejores libros espirituales de 2010». Donald Altman ha escrito también el guión de un programa infantil para la televisión, ganador de un premio Emmy, y ha publicado en prensa numerosos artículos. Apasionado motorista, disfruta recorriendo con su moto la costa de Oregón. Reside en Portland, Oregón.